文豪們的
私房酒單

文學 × 酒文化 × 名人軼事，
葡萄酒、啤酒、威士忌、琴酒、伏特加如何成為世界文明的繆斯？

作者
葛瑞格·克拉克 Greg Clarke
蒙特·畢爾普 Monte Beauchamp

酒類專業內容審定	翻譯
王鵬	吳郁芸

若是沒有了酒精，就沒有那麼多的文豪

　　私心以為，我滿適合替這本書作推薦序，而且調性還很合拍。我研究所念的是外國文學，卻以酒類教育為業，俏皮來說，是個被酒耽誤的外國文學研究者。而這本書，正圍繞著酒的歷史與作家軼事展開，處處幽默，頁頁文學，而且字裡行間，全都是酒。

　　過去20多年的酒類職涯，我博覽酒類圖書。我可以向你保證，輕鬆談酒的圖書不少，但這本絕對幽默獨具，我希望把這樣的閱讀趣味分享給你。如果你在找的不是酒類知識書，而是一本側面觀察文豪飲酒（簡稱豪飲？）的懶人包，那麼，恭喜你收藏了一塊不可或缺的拼圖。

　　展頁細酌之前，別忘了，這是一本幽默之書。讀的時候，別執著考古細節，也別挑剔這些酒怎麼被介紹出場的吧！──原書作者，兩位插畫家，很顯然地，無意那樣創作。而正是在與事實出現落差的細節上，讓你會心一笑。如果懂得保持距離欣賞，恭喜你！閱讀樂趣必定加倍！

　　這本書跨越酒種與時代，呈現文學創作者最偏好的杯中物，以及不同時空背景下，從葡萄酒、啤酒到各式烈酒與調酒的時代趣聞。雖不是世界酒類大百科，但是打開書頁，卻也大開眼界，你將用另類的角度，認識伴隨人類文明發展，最古老、最有趣的飲料，或許，也將激發你對酒，無窮的想像與讚嘆。

　　文學是文明的象徵，姑且就把文豪視為文明推手吧！在這本書裡提到的文豪，有些是喝得多也寫得多，有些則是喝了寫得更好。闔上這本書，不妨想想：推進人類文明的，當然不是酒；但是你絕對可以想像，若是沒有了酒，人類文明該怎麼推進？！是的，形塑當今文明世界，留下無窮寶藏的文豪，滴酒不沾的，寥寥無幾啊！

創作不需要酒精，甚至可以說，創作也不需要靈感，因為創作本是種能力。然而，許多文豪，樂於藉酒，將自己的創作力推到極限。在醉與醒的交替之間，膾炙人口的文學作品，就這樣一部接著一部誕生了。

　　這些繆斯眷顧或／與被酒精折磨的靈魂，不論是為了替後世留下珍貴的文字，還是單純為了完成自己作品的私心，他們當中不乏酗酒者。酗酒不該被鼓勵，但是用自己的人生悲劇，換來文學殿堂的瑰寶，難道不值得我們由衷感佩與致敬嗎？這些雖然酗酒，但卻名傳千古的文豪，彷彿是透過酒精，提取自己身為人類，最（醉）高尚的情操與最（醉）美好的想像，化作文字，呈現給你。

　　這本《文豪們的私房酒單》的兩位作者，用詼諧的插畫、幽默的文字，聚焦文豪們與酒的故事，而這卻像是人類歷史的隱喻，甚至可以說是人類文明的縮影。我非常樂意受邀替這部趣味作品，審定酒類專業內容，並作序推薦，點出這本俏皮書的底蘊。希望你也可以在這兒，讀出文明興衰與人間悲喜的寓言故事。當然，如果你能像這些文豪一樣，找到自己的知音，並有節制地與液體知音交心，那也是美事一椿。

酒類專家

王　鵬 Paul Peng WANG

致珍妮佛（Jenifer）、格蕾塔（Greta）與朱利安（Julian）。

　　　　—葛瑞格・克拉克

給麗貝卡・安（Rebecca Ann），她讓我一直相信世上沒有不可能的事。

　　　　—蒙特・畢爾普

推薦序：若是沒有了酒精，就沒有那麼多的文豪

目錄

前言：妙「酒」也能生花！ 1

前言

妙「酒」也能生花！

就像我講的，我的生命點亮了！我腦袋裡全部思緒統統就位，所有想法都待在自己的小牢籠裡，像午夜時分的囚犯一樣，穿好衣服蹲在門口，等著越獄！一個想法就是一個視野，它們樣貌清晰、輪廓鮮明、無庸置疑，而杯底一朝天，杯中物散發出來的明亮白色光芒，照亮了我的腦袋！讓我靈光一閃！約翰・巴利科恩（John Barleycorn）開始暴跳如雷吐真言……我則化身為他的發言人。

  —— 傑克・倫敦，《約翰・巴利科恩》（John Barleycorn）

從酒神巴克斯（Bacchus）時代之前，人類已經相信有酒助就如有神助——認為酒可以激發創意靈感，形成了一種「黃湯下肚，創作無限」的文化，而記載酒的歷史，以及作家、藝術家和音樂家借酒激發想像力，將創造力化作吉光片羽的相關文獻更是十分詳實。儘管與酒相交這行為，多年來一直遭到反對者大張撻伐，但若從數不勝數的經典文學範例來看，最起碼這些作品都可以為「品酒」與「筆下功夫了得」兩者相得益彰做個見證。

對某些作家來說，酒蟲作祟到最後會造成身心付出重大代價，作品再好也只能好景不長，畢竟「酒」能載舟、亦能覆舟，包括傑克・倫敦、馬爾科姆・勞瑞（Malcolm Lowry）、歐內斯特・海明威、法蘭西斯・史考特・基・費茲傑羅（F.Scott Fitzgerald）、埃德娜・聖文森特女・米萊（Edna St. Vincent Millay）與傑克・凱魯亞克（Jack Kerouac）這些作家都是其中活生生、血淋淋的例子；而其他作家，像詹姆斯・喬伊斯（James Joyce）、赫爾曼・梅爾維爾（Herman Melville）、馬雅・安傑洛（Maya Angelou），則是選擇小酌一杯，微醺放鬆，幫自己思緒通明！而不過度依賴酒精，以免釀成悲劇！

2012年《意識與認知》期刊所發表的某項研究（該研究由伊利諾伊大學芝加哥分校的安德魯・F・雅羅斯〔Andrew F. Jarosz〕、格雷戈里・JH・科爾富烈什〔Gregory J.H. Colflesh〕與珍妮佛・威利〔Jennifer Wiley〕主持）也對下列觀點投以贊成票：適度飲酒對「跳脫傳統格局」思考而言有利無弊，而後者則是啟發創造力的必要前提；另《揭開繆斯之謎：酒精中毒有助於解決創意問題》（Uncorking the Muse: Alcohol Intoxication Facilitates Creative Problem Solving）一書作者更分享了他們的發現結果：即滴酒不沾比微帶醉意的受試者，在解決文字夠不夠有創意的問題上，所耗費的時間更多。

　　除了酒與傑出創作息息相關之外，我們更堅信：那就是沒有什麼比好書加好酒能給人更高的愉悅享受了！現在有些作家與某些瓶裝酒，在拍賣會上被喊出天價——像最近有10瓶1945年木桐堡（Château Mouton Rothschild）出產的波爾多葡萄酒的售價達34.3萬美元，上面有費茲傑羅落款的《大亨小傳》（The Great Gatsby）1925年初版著作，則以16萬2千5百美元成交——所以世上不僅有愛酒人士，連酒客作家也不乏知音。

　　聰明如你應該也料中了吧！這本書「暢談酒的歷史與經典文學，書中搞笑插畫一眼看不完」的構想，就是我們在工作室裡辛苦了一週，接著跑去燈光昏暗的酒吧，犒賞自己幾杯調酒抖擻精神醞釀出來的！歷時兩年、外加能令人恢復精神的側車（sidecar）不離身——偉哉酒之繆斯（Muse of Booze）！她庇佑我們得以催生出這本書！乾杯！

——作者 蒙特・畢兒普與葛瑞格・克拉克，2018年10月筆

WINE

第一章　葡萄酒

葡萄酒就是一首瓶中詩。

——羅伯特‧路易斯‧史蒂文森（Robert Louis Stevenson），《銀礦小徑破落戶》
（The Silverado Squatters, 1884）

品酒行家可能會爭辯啤酒或葡萄酒誰的歷史更悠久，但毫無疑問的是，葡萄酒才是
詩歌與散文之母！除了孕育出備受推崇的文學作品，葡萄酒還培育了文字抄
寫員這項手工業，這些人士專靠側寫葡萄酒為生，你不妨想像一下，
只要這些尖牙利嘴的品酒家出動靈敏的味覺，那些杯中端倪——
無論味道像鉛筆芯、鞍皮革、馬路柏油、雪茄、貓尿還是奇異酒
味——統統難逃他們的味蕾！

不管啤酒或葡萄酒誰先來後到，對石器時代原始人而言，發現腐爛變質或自然發酵的果汁
口感竟如此令人陶醉，這種歪打正著還真是正中下懷！但他們應該不知道自己啜飲的玉液
瓊漿最終會激發人類想像力、推動文明巨輪、並成為地表上文字介紹最多的提神飲料！

古喬治亞縈繞我心頭

很多歷史學家都認為古喬治亞是葡萄酒的發祥地，這些高加索肥沃山谷的居民
已採用古老釀酒法製酒8千年，他們不用木桶、大缸或監控系統助陣，而是改用喬
治亞赤陶土製成，且內裡是蜂蠟的巨大赤陶土蛋形容器（至今仍這樣使用）。

這些容器被裝滿葡萄埋在地下，利用
天然酵母發酵兩週，密封保存6至12
個月。

喬治亞民族詩人紹塔・魯斯塔韋利（Shota Rustaveli）是最早歌頌該地區葡萄酒的本地人之一，他的十二世紀史詩《豹皮騎士》（The Knight in the Panther's Skin）（比托馬斯・馬洛禮〔Thomas Malory〕著作《亞瑟之死》〔Le Morte d' Arthur〕還早兩百年）是講述騎士、友誼、騎士精神和宮廷愛情的故事，文中時常會提及當地葡萄酒文化。

紹塔・魯斯塔韋利

中國古代野生葡萄誌

在古代中國，某種用土產葡萄釀製的發酵飲料於史前新石器時代問世，時間約為西元前7000年，但直到唐朝（618～907年）才開始大規模生產葡萄酒。

唐朝銀杯

「東漢詩人阮籍（210～263年），在以放蕩不羈聞名的竹林七賢中，也是數一數二的酒鬼。《晉書》記載他曾經連續醉酒60天，相傳他還作了古琴琴曲《酒狂》。」

阮籍

李白（701～762年）是中國最偉大的詩人之一，迷戀酒寫酒詩的他，最有名的詩作是《春日醉起言志》；後來他爛醉，看到河中明月的倒影，俯身撈月而溺斃。

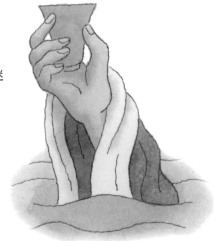

源遠流長的波斯酒

最近在伊朗（古代波斯）進行的挖掘作業，發現了含有酒石酸的陶器，有酒石酸即代表有酒，該酒石酸時期可追溯到西元前3100至2900年。

按照波斯民間傳說，有位女孩因為被國王冷落而沮喪不已，企圖用腐爛的葡萄渣毒死自己結束生命，因而發現了葡萄酒，奇蹟似精神為之一振的她，隔天向國王報告了這個醉人新發現，國王也及時獎賞她。

古代波斯飲酒器

十二世紀波斯詩人暨哲學家奧瑪·開儼（Omar Khayyám）詩作裡有滿滿的葡萄酒經，標榜以酒佐餐可以為稍縱即逝的人生帶來歡樂。在他的《魯拜集》（The Rubáiyát，該詩集由詩人愛德華·費茲傑羅〔Edward FitzGerald〕翻譯，1859年出版）中，字裡行間洋溢著戀酒情懷：

奧瑪·開儼

往酒坑裡跳的人生永遠不嫌多，
青春讓你有本錢揮霍盡情品酒，
這是有酒、玫瑰、醉友的季節，
你要為這一刻帶著醉意飄飄然，
這一刻就是你的人生最佳寫照！

後來在14世紀，波斯蘇菲派 **01**（Sufi）詩人哈菲茲（Hafiz）將葡萄酒描述為愛情和神聖的象徵，以下是他的詩集《摯愛葡萄酒，我為你而醉：哈菲茲詩作一百首》（Drunk on the Wine of the Beloved: 100 Poems of Hafiz）中的幾個詩節，翻譯自湯瑪斯·萊·克羅維（Thomas Rain Crowe）的英譯版：

---

01. 蘇菲派又稱蘇菲主義，指追求精神層面提升的伊斯蘭教團，他們經由冥想及導師接觸到阿拉，把敬畏之心化為對阿拉無私的愛。

哈菲茲

從大壺罐啜飲一整壺的葡萄酒，

讓你從內心洗滌人生徒勞苦痛，

但你要像這個大壺罐一樣，

始終保持心胸開闊——

何苦封閉你的心房，就像一瓶沒開的酒？

大口飲酒的你有多無私忘我，

絕口不再吹噓自己多有本事，

對虔誠教徒而言，即使喝酒是原罪，但別因此審判我！

我當它是漂白劑，洗去虛偽的色彩！

法老王無葡萄酒不歡

　　西元前3100年的尼羅河三角洲地區就有栽植葡萄作物，當時的葡萄酒消費族群大多為法老王皇親國戚與上流人士，在埃及政要的陵墓裡則常有滿坑滿谷的葡萄酒——因為品酒就能快速接通來世今生！

　　有人把在圖坦卡門陵墓裡找到的罐子中的殘留物進行化學分析後，發現他對紅酒愛不釋手，他有不少葡萄酒罐上都貼了葡萄園生產履歷、主要葡萄酒商名字以及生產年份。

　　　　　　　　　埃及人向腓尼基人分享了他們對葡萄酒的了解，而腓尼基人接著再把葡萄酒推廣到世界各地。

希臘酒壺之頌

　　西元前1200年左右，在穿越地中海的腓尼基水手穿針引線下，葡萄酒翩然降臨希臘。葡萄酒在古希臘文化的地位舉足輕重，希臘人用詩歌和歌曲向偉大的葡萄酒致敬，戴歐尼修斯（Dionysos）則是他們的葡萄之神。

　　對希臘哲學家來說，葡萄酒和哲學是密不可分的——他們會以哲學討論座談會之名，行葡萄酒派對之實！正如柏拉圖所言：「上帝所授予人類的，沒有比葡萄酒更出色、更有價值的東西了！」

　　希臘劇作家阿里斯托芬（Aristophanes）的作品動輒提到葡萄酒，他視酒為靈感泉源。在他的劇本《騎士》（The Knights, 424BC）中，劇中人物狄摩西尼就要求「讓我牛飲一壺

修昔底德

古代羅馬酒壺

酒！讓我浸淫思路、幫我言之有物！」

葡萄酒對人類文明有什麼影響？希臘歷史學家修昔底德（Thucydides）觀察發現：「地中海民族在學會種植橄欖和葡萄樹後脫胎換骨，開始擺脫野蠻主義。」

酒後吐真言

羅馬帝國在接手了希臘人的地盤以後，制定出完善的釀酒過程，並建立了當今西歐幾乎所有主要的葡萄酒產區。羅馬人是第一個使用桶子（向高盧人借）和玻璃瓶（跟敘利亞人借），而非陶器來進行貯藏與運輸作業的製酒先鋒。

羅馬詩人維吉爾（Virgil）對葡萄農友諄諄教導，大家迄今依然把他創作的黃金鐵則奉為圭臬：「葡萄樹喜歡開闊的山丘！」

老普林尼與羅馬飲酒角

老普林尼（Pliny the Elder）是1世紀的自然主義者，也是共37卷的《博物志》（Naturalis historia）百科全書的作者，他對葡萄栽培著墨甚多：包括描寫羅馬「一級酒莊」的排名制度，他還介紹了什麼是風土（即賦予葡萄酒獨特風味的特定地區氣候、土壤和地形）；「酒後吐真言」（In vino veritas）這句葡萄酒界中，最廣為人知的拉丁諺語，也出自老普林尼之手。

羅馬詩人賀拉斯（Horace）則將畢生貢獻給葡萄酒，假如自己離世，他表示「離開酒窖會比跟妻子分開更令他痛徹心扉！」若講起寫詩的靈感，他的金句則是：「飲水寫的詩歌，絕對不會是永垂不朽或膾炙人口的作品！」

歡天喜地的阿文河吟游詩人

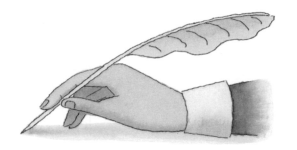

在威廉‧莎士比亞時代的英國（1564～1616年），葡萄酒價格所費不貲——大約是大眾化啤酒的愛爾啤酒（ale）**02** 價格的12倍，而且通常是上流社會的專利品。英國的氣候不適合種植葡萄，因此大部分葡萄酒都是從法國、西班牙和希臘進口的。雪莉酒（sack）**03** 是一種富含白蘭地（類似現代的雪莉酒〔sherry〕**04**）成分的甜葡萄酒，它在伊莉莎白時代也是搶手貨。

大家對莎士比亞的個人飲酒習慣所知甚微，但口袋夠深的他，無疑能負擔得起愛爾啤酒以外的其他東西。據說，他並不是他同代人物克里斯多福‧馬羅（Christopher Marlowe）那種愛跑趴愛到骨子裡的人，但葡萄酒在他的作品裡頻繁客串演出，由此推測他說不定也是葡萄酒行家！他的劇作人物提到的葡萄酒種類——包括加烈型蜜思嘉葡萄酒（muscatel）、產自萊茵河流域的葡萄酒（Rhine）、波爾多、產自迦納利群島葡萄酒（canary）和馬爾瓦西 **05**（malmsey）——可比說到愛爾啤酒或一般啤酒的時候還多。

良伴美酒、熱情款待，可以造就出高尚的人格……——莎士比亞《亨利八世》，第1幕第4景

……男人沒辦法逗他笑——但這也不足為奇，因為他滴酒不沾。——莎士比亞《亨利四世》，第2部分，第2幕第4景

人生的美酒喝光了，只剩了渣滓給這個酒窖去誇耀了。——莎士比亞《馬克白》，第2幕第3景

給我一杯酒。我把所有乖戾之氣都沉埋這酒裡。——莎士比亞《凱撒大帝》，第4幕第3景

我們這裡沒有酒嗎？—— 莎士比亞《考力歐雷諾斯》（Coriolanus），第1幕第9景

---

02. 又稱頂層／高溫發酵啤酒。

我很虛偽，比酒後的誓言更虛無。——莎士比亞《皆大歡喜》，第3幕第5景

假如運用得宜，葡萄佳釀就是美妙的伴侶，美酒自有生命。——莎士比亞《奧賽羅》，第2幕第3景

啊，你這無形的酒神嘭，你若是沒有名號，且讓我們喊你惡魔吧！——莎士比亞《奧賽羅》，第2幕第3景

全世界都是葡萄酒的舞台

寧可用酒溫熱了我的肝，也別讓致命的呻吟冰冷了我的心。——莎士比亞《威尼斯商人》，第1幕第1景

03. 在早期，雪莉酒稱為Sack（源於西班牙文Saca，意思是「提取」）。

04. 雪莉酒（Sherry）來自於法語Xérès英語化後形成。

05. 馬爾瓦西主要使用Malvasia葡萄（也叫Malmsey或Malmsey）製成，在葡萄牙馬德拉群島出產的葡萄酒類型中，這是最甜的一種。

法國葡萄酒萬歲！

法國擁有得天獨厚的土壤和氣候條件，非常適合葡萄栽培，長久以來一直獨霸一方，成為全世界最大的上等葡萄酒供應國（直到20世紀下半葉才被加利福尼亞州迎頭趕上）。法國的兩個主要葡萄酒產區——波爾多和布根地，則生產了現今最遠近馳名、價格昂貴的葡萄酒。

1787年造訪波爾多時，美國第一位葡萄酒鑑賞家湯馬斯·傑弗遜（Thomas Jefferson）**06** 下令訂購了24箱歐-布里昂堡酒莊（Château Haut-Brion）葡萄酒、250瓶拉菲堡（Château Lafite）葡萄酒和未指定數量的伊更堡酒莊（Châteaud'Yquem）葡萄酒。

湯馬斯·傑弗遜

1855年，拿破崙三世指示在波爾多制定分級系統，以鑑定出該地區最好的葡萄酒，這套排名系統稱為「1855年波爾多葡萄酒分級制度」（Bordeaux Wine Official Classification of 1855），它建立了所謂的第1至5級酒莊，排名至今大致維持不變。

拿破崙三世

在現代嗜波爾多和布根地葡萄酒如命的人當中，也有文學精英呢……

英國作家羅爾德·達爾（Roald Dahl）以《查理和巧克力工廠》（Charlie and the Chocolate Factory, 1964）一書一舉成名，他以葡萄酒為主題，在1951年《紐約客》雜誌上刊登短篇故事《品味》（Taste），講述有人在某個倫敦晚宴上，打賭葡萄酒年分的傳奇故事。達爾是葡萄酒收藏狂人，對波爾多和布根地興趣濃厚，並且對從1982年的波爾多釀酒非常痴迷（不少人將該年譽為現今優質葡萄產量的黃金年分）。

羅爾德·達爾

漫畫小說家暨《紐約客》雜誌撰稿人彼得·德弗里斯（Peter

彼得・德弗里斯

De Vries）說他自己是「酒鬼」，並對布根地葡萄酒情有獨鍾：「陽剛的蒙哈榭（Montrachet）酒與陰柔的蜜思妮（Musigny）酒，讓與天、地、氣相通的陰陽生命，又再度跟這些自然元素完美交融，教人如痴如醉！」有句俏皮話叫「喝了再寫，醒了再改」（write drunk, edit sober）似乎已經爆紅，大家都以為它是歐內斯特・海明威的經驗談，但事實上，它的鼻祖是德弗里斯。在他的小說《魯本、魯本》（Reuben, Reuben, 1964）裡有位人物就提到：「有時我會喝了再寫，醒了再改，偶爾我會醒了再寫，喝了再改，但在創作的過程裡，醒與喝缺一不可！」

與骷髏頭及死亡同行的品酒行家

19世紀詩人拜倫勳爵（Lord Byron），是諷刺詩《唐璜》（Don Juan, 1819）的作者，因他的園丁在他位於英國諾丁罕郡（Nottinghamshire）紐斯特德修道院（Newstead Abbey）的老家古厝，發現了他用人類頭骨打造而成的飲酒器，而使他聲名大噪。他借用了可追溯至高盧酋長的傳統，使用羅馬人的頭骨當作酒杯。拜倫將保存完好的骷髏頭送到鎮上，並指出「它回來時擦得亮晶晶的，而且像龜甲一樣有斑駁的顏色。」

拜倫勳爵

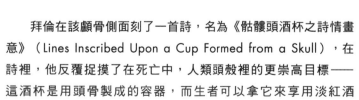

拜倫在該顱骨側面刻了一首詩，名為《骷髏頭酒杯之詩情畫意》（Lines Inscribed Upon a Cup Formed from a Skull），在詩裡，他反覆捉摸了在死亡中，人類頭殼裡的更崇高目標——這酒杯是用頭骨製成的容器，而生者可以拿它來享用淡紅酒（claret）的馥郁香醇：「唉！倘若我們的腦子沒了，還有什麼替代物比酒更崇高呢？」

---

06. 他也是美國第3任總統（任期為1801至1809年）、《美國獨立宣言》主要起草人。

夏爾・波特萊爾

酒病酒藥醫的品酒行家

假如不靠鴉片煙館或大麻社團來探究自己意識狀態的變化，法國詩人、散文家暨藝術評論家查夏爾・波特萊爾（Charles Baudelaire）一律默認酒就是他的首選麻醉劑！

在他1851年發表的散文《論葡萄酒與大麻》（Du vin et du haschish）中，他問：「何人不諳葡萄酒那深切耐人尋味的樂趣？人人都曾有懺悔之氣待平息、有記憶要喚起、有愁悶待排解、有城堡在西班牙要興建——總之，每個人都會對著那隱身藤蔓鬚根中的神祕神靈祈求庇護！」

含苞待放的加州納帕河谷

1880年，即將成名的《金銀島》（Treasure Island, 1883）作者——蘇格蘭作家羅伯特・路易斯・史蒂文森在加州舊金山納帕河谷（Napa Valley）度蜜月。時值加州葡萄酒業興起，他在《銀礦小徑破落戶》（Silverado Squatters, 1884）書中，記述了這段時光。他描述了種植葡萄的試錯過程：「加州的葡萄酒仍處於試驗階段……大家循序把各種葡萄，在一方又一方的土地上摸索嘗試，這種出局、那種更棒、第三最優；因此，他們一點一點摸索出加州版的梧玖莊園（Clos Vougeot）與拉菲堡。」

羅伯特・路易斯・
史蒂文森

胡尼佩羅．
塞拉神父

以弱克強——《大衛與歌利亞》故事的翻版？巴黎葡萄酒品鑑會「巴黎評判」一役見分曉！

方濟會傳教士胡尼佩羅．塞拉神父（Father Junípero Serra）1779年在聖迪亞哥．德．阿爾卡拉傳道院（Mission San Diego de Alcalá）種植了加州第1座可持續發展的葡萄園。在《銀礦小徑破落戶》一書出版後，該州的葡萄酒業循序漸進慢慢地滲透市場，隨著偶然傳來捷報的進程中，贏得世人的肯定與尊重。

但加州葡萄酒史上的關鍵轉折點發生於1976年5月24日，在所謂的「巴黎評判」（Judgment of Paris）但由英國葡萄酒商人主辦的巴黎葡萄酒品鑑會上，加州一些新秀葡萄酒小蝦米對大鯨魚，於評審盲飲後擊退知名的法國波爾多和布根地葡萄酒！法國葡萄酒霸主地位動搖，納帕河谷已經成為全世界數一數二最重要的葡萄酒產區！

「爸爸」[07]（海明威）與葡萄

　　歐內斯特・海明威可說是文學巨匠裡最具代表的酒鬼！套用亨利・路易斯・孟肯（H. L. Mencken）[08]最初為自己創的詞來描述：對酒來者不拒（ombibulous）──海明威正是無酒不嚐、不挑酒的酒徒！

　　在經歷恐怖的第一次世界大戰摧殘後，許多幻滅的美國作家感受到文字藝術在美國愈來愈得不到正面評價，他們這群「失落的一代」（Lost Generation）有一部分人移民到歐洲，海明威就是其中之一，他1921年抵達巴黎，擔任《多倫多星報》（Toronto Star）的海外特派員。正是在靠近波爾多與布根地地區的這裡，很可能就上演了他與上等葡萄酒的初邂逅。

　　在《流動的饗宴》（1964）一書中，他回憶了他在巴黎的生活，講述了與當時的妻子哈德莉（Hadley）在家裡用餐，他一貧如洗到無法外食，他們喝著「產銷合作社的伯恩酒」。伯恩（Beaune）是法國頂尖產酒區布根地的副省會，而且看來即使是巴黎產銷合作社出品的伯恩酒，也還不賴。

1926年，在《太陽依舊升起》（The Sun Also Rises）中出現的酗酒場景，可視為海明威對美國禁酒令的批判。故事主人翁是美國僑民傑克‧巴恩斯（Jake Barnes），他跟一群友人從法國巴黎出發，去西班牙潘普洛納（Pamplona）旅行，觀看奔牛活動與鬥牛表演。光在第15章裡，他們3位死黨就共享了7公升葡萄酒。

海明威和他的書中人物都不介意單獨慢慢品酒，而且引起的麻煩也少，書中主角傑克曾說過：「我乾光了一瓶酒跟我作伴，那是瑪歌堡（Château Margaux）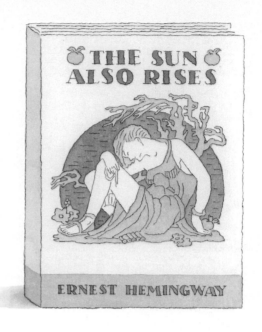 09 的酒，

附開瓶器的法國拉吉歐（laguiole）全手工侍酒刀，自1880年以來這款夢幻逸品一直熱銷到現在。

享受獨自一人、慢飲並品味葡萄酒的樂趣。有瓶酒就有好友！」

在《午後之死》一書中（1932年），海明威寫下了對西班牙鬥牛的讚頌：「葡萄酒是世界文明的最高產物，亦是世上最渾然天成的造物，它臻於最完美的境界，比起任何單純的感官享受，它能帶來更多極致愉悅與滿足！」

07.　「爸爸」（Papa）為海明威生前的暱稱。

08.　美國記者、諷刺作家、文化評論家及美式英語學者。

09.　瑪歌堡，是位列第一等的五大酒莊之一。

有酒有旅行

對許多愛好冒險的作家來說，葡萄酒的魅力會讓他們入坑之深，心甘情願、奮不顧身按捺不住，迷魂留連！英國作家大衛‧赫伯特‧勞倫斯（D. H. Lawrence）足跡踏遍義大利、法國、墨西哥、美國和澳洲，還沿途品嚐葡萄酒，但這位著述《查泰萊夫人的情人》（Lady Chatterley's Lover，1928）的作者倒不是每樣東西都照單全收，而且他可能是無情的品酒鑑定家，他曾經把西班牙葡萄酒描述為「有硫磺臭味的那些老馬的尿」。

詹姆斯‧喬伊斯最喜歡的葡萄酒是錫永產區的夏斯拉品種白葡萄酒（Fendant de Sion）。他一定是在瑞士蘇黎世斷斷續續來回穿梭時發現了那種酒，他在那裡完成了《尤利西斯》（Ulysses, 1922）一書絕大部分內容，之後更完成了《芬尼根的守靈夜》（Finnegans Wake, 1939）。

大衛‧赫伯特‧勞倫斯

詹姆斯‧喬伊斯

在《芬尼根的守靈夜》中，他將葡萄酒比作大公爵夫人的尿液（顯然還受到好評！），並在他的「喬學」語錄中（Joycean code），將它戲稱為「范妮‧烏里尼亞」（Fanny Urinia，意為「芬尼的尿」）。

瑪麗‧弗朗西絲‧肯尼迪‧費希爾（Mary Frances Kennedy Fisher, M. F. K. Fisher）是美國美食作家，也是《如何煮狼》（How to Cook a Wolf, 1942）的作者。她年輕時花了4年時間住在布根地的美食之都第戎，受博大精深、令人驚豔的法國美食和美酒薰陶，讓她醍醐灌頂。

費希爾一說起葡萄酒就滿腔熱情，在加州大學出版社《蘇富比加州葡萄酒專刊》（Sotheby Book of California Wine, 1984）的前言裡，她表明了心跡：「如果我的生活，少了這一切：鑑賞葡萄酒的萬種風情、探索其源處或我為何如此著迷、為何要採摘葡萄，以及我在哪裡打開我拿到年代最久遠的葡萄酒瓶……那我僅是一具會呼吸的空殼軀體。」

法國小說家瑪格麗特‧莒哈絲（Marguerite Duras）在海外出生，身為教師夫妻之女的她，在法屬印度支那（French Indochina，現為越南）度過童年，在17歲時回到父母的祖國。莒哈絲提過自己是在喝醉後，寫出她口碑載道的小說《情人》（The Lover, 1984）。

瑪麗‧弗朗西絲‧肯尼迪‧費希爾

1991年在接受《紐約時報》專訪時，談起酒在她日常生活中的角色，她答道：「我喝紅酒入睡……每小時喝一杯酒，早上先咖啡後干邑白蘭地，然後寫作。回想起來，令我震驚的是我還真的因此而文思泉湧！」

19

查理・布考斯基（Charles Bukowski）的兄弟情

查理・布考斯基。

1994年接受《縱橫千里》雜誌（Transit magazine）專訪時，查理・布考斯基坦言：「小時候，我白天泡在圖書館，晚上跑去酒吧鬼混。」有人要求他說明自己理想的寫作條件時，他解釋：「晚上10點到凌晨2點之間，準備一瓶酒，一邊吞雲吐霧，再轉開收音機聆聽古典音樂，我每星期有2、3個晚上都在寫作。」

在他的《火腿黑麵包》（Ham on Rye, 1982）著作中，布考斯基的第2個自我——亨利・唐納斯基（Henry Chinaski）成天與酒為伍：「戀酒貪杯是樂事，我下定決心不醉不罷休，酣醉的世界有朦朧美，搞不好比起一個勁兒的平直淺露，醉到不省人事就可以迷離恍惚、漠視自己！」

一旦得縮衣節食，布考斯基就會找平價的啤酒、威士忌或伏特加酒解決；不過等到豐厚版稅一進帳，他便投向上等紅葡萄酒的懷抱！ 根據布考斯基的說法，好酒是「眾神之血……是滿足創作慾望的春藥，這時就算一口氣寫3、4個小時也沒問題！」

布考斯基一直是約翰・范特（John Fante）著作的忠實讀者，後者是籍籍無名的作家，早期描寫洛杉磯的小說獲得一致好評；但是范特1930年代首次出版的作品卻但乏人問津，而他一生則大多都待在好萊塢擔任編劇。布考斯基年輕時就在洛杉磯公共圖書館裡發現了范特的書，這些書具有啟發性，「范特是我的神啊！」他無限崇拜！

布考斯基把范特的《問塵情緣》（Ask the Dust, 1939）寄給他在黑麻雀出版社的編輯約翰・馬丁後，范特終於鹹魚大翻身！深受感動的馬丁著手重新出版范特的所有作品，1980年時，從《問塵情緣》開始發行。

布考斯基的最後一臺「打字機」，是 IBM 公司的電動打字機「IBM Selectric」。

葡萄酒是范特這位義大利裔美國人成長過程中，不可或缺的一部分，在他的作品中也占有重要地位。他描述自己的小說《葡萄兄弟會》（The Brotherhood of the Grape, 1977）寫的正是「在羅斯維爾（Roseville）的4位義大利人葡萄酒喝到掛的故事，其中的靈魂人物是我父親和他的兄弟團。」

布考斯基與約翰・范特經常光顧的洛杉磯市中心潛水酒吧。

雪莉酒二三事

雪莉酒雖然在寫作圈裡只有小眾市場，但擁護它的作家一片丹心……

有款來自西班牙安達盧西亞的加烈葡萄酒 **10**，與埃德加・愛倫・坡（Edgar Allan Poe）的短篇小說《一桶阿蒙蒂亞度酒》（The Cask of Amontillado, 1846）同名，書中精神失常的主人翁引誘了一位不知情的受害者到他的家中喝了一口酒，目的是要殺死被害人，因為主角感覺自己50年前曾被此人輕慢。阿蒙蒂亞度酒是西班牙蒙蒂亞（Montilla）地區的深色雪莉酒品種。

雪莉酒加熱茶是卡森・麥卡勒斯（Carson McCullers）最中意的飲品，這位《心是孤獨的獵手》（The Heart Is a Lonely Hunter, 1940）的作者將這種特調飲料稱為「桑尼男孩」（Sonnie Boy），為了不惹人注目，用打字機寫作時，她一整天用熱水瓶喝它。在她作品產量最多的那些年裡，她的熱水瓶一直與她為伴。

卡森・麥卡勒斯

因自傳《我知道籠中鳥為何歌唱》（I Know Why the Caged Bird Sings, 1969）而備受讚譽的美國詩人暨回憶錄作家馬雅・安傑洛，也是雪莉酒的信徒。在1983年某次採訪中，她列舉了自己成功寫作所需的一些基本要素：「我在房間裡固定放著字典、聖經、一副紙牌和一瓶雪莉酒。」

馬雅・安傑洛

小說作家暨美酒作家

傑伊·麥金納尼（Jay McInerney）以《如此璀璨，這個城市》（Bright Lights, Big City, 1984）聞名遐邇，他將對葡萄的熱情進化成副業，成為眾人景仰、甚至是非傳統的葡萄酒作家。他為愈來愈多的葡萄酒老掉牙評鑑文注入了新的生命，他每個月為《房屋與花園》（House & Garden）和《城鎮與鄉村》（Town & Country）兩家雜誌撰寫葡萄酒專欄，在他的小品文集《樂在酒窖：葡萄酒歷險記》（A Hedonist in the Cellar: Adventures in Wine, 2006）中，他有此一說：「比起高球調酒（highball），發酵過的葡萄汁對沉思和冥想的催化作用要強得多……它是聖餐飲料，是神聖又具有象徵意義的飲品！」

他常避開品酒評鑑慣用的花香去描述酒香，轉而運用文化典故與詞彙，比起用檀香和鉛筆芯去形容，他更喜歡將葡萄酒看成是作者與演員：「波爾多是我的初戀……但我漸漸被它的競爭對手布根地所吸引，它是酒壇的屠格涅夫，而波爾多是酒界的托爾斯泰；一旦要尋找的酒，是有著純粹的力量、活躍和不那麼優雅、均衡柔順、精巧又香味難以捉摸，等級超出預期時，我又迷上了法國南部隆河區這個酒國的杜斯妥也夫斯基。」

麥金納尼為加州希哈（Syrah）下了評論：「希哈……它一直揚言要成為加州葡萄酒巨星，但到目前為止，它的職業生涯有點像演員奧蘭多·布魯，都是只聞樓梯響，不見人下來。」

圖為麥金納尼的心上人歐 - 布里昂堡葡萄酒，他這樣評價：「它是頂級的詩人與戀人！」

---

10. 加烈葡萄酒（fortified white wine）又稱強化葡萄酒、強化酒、加度葡萄酒、加烈酒，是一種加入蒸餾酒（通常是白蘭地）的葡萄酒。

羅馬酒神巴克斯的榮耀

　　與其他烈酒相比，葡萄酒有什麼地方能讓它成為不勝枚舉的騷人墨客躋身文學殿堂的通行證？除了能滿足味蕾（比起濃烈辛辣的蒸餾酒，味道更討喜），一部分吸引力可能在於它的神祕莫測——葡萄酒會在瓶中產生變化，我們七年前喝過的同一款完美的教皇新堡（Châteauneuf-du-Pape）葡萄酒，如今搞不好成了廉價的劣等葡萄酒。而且，葡萄酒有廣大的消費市場，沒有任何一種酒精飲料會像葡萄酒那樣來勢洶洶，不計其數的葡萄品種、風格與葡萄酒產區，令人茫然不知所措。值得慶幸的是，我們有「專家」組成的輔助產業可以幫助大家，像是葡萄酒品評家提供最佳瓶裝葡萄酒採買建議，還有嗅覺功力訓練有素的餐廳侍酒師，可以替我們聞一聞選出晚上的佐餐酒。

　　說不定麥金納尼這席話，最能完整歸納出葡萄酒的奧祕：葡萄酒「可以同時帶來知性和感官上的愉悅，它是取之不盡、用之不竭的學問，連結了一系列主題，假如選擇一頭栽進葡萄酒的國度，它會引領我們遨遊在地質學、植物學、氣象學、歷史、美學與文學的世界中！」

BEER

第二章　啤酒

倚著賣酒的櫃檯，我人在市議員和律師之間，嚐著啤酒 **01** ……我喜歡啤酒的味道、它持久緻密的白色泡沫、濃濃的鮮亮黃銅色澤，斟滿酒水的玻璃杯透出棕色，這突如其來的世界讓我目眩神迷，我克制不了衝動將它一飲而盡，慢慢往下吞進肚子裡飽足一番，我享受舌尖上的風味，嘴角沾滿啤酒泡沫的我意猶未盡！

　　——迪倫·托馬斯（Dylan Thomas），《年輕毛小孩藝術家的肖像》〈老嘉寶〉篇
　　（"Old Garbo," Portrait of the Artist as a Young Dog, 1940）

不同於其他烈酒，啤酒始終對它的老主顧勞動工人階級保持一貫本色，儘管幾個世紀以來，它們象徵的社經地位時高時低，並受到歷史和口味變化的衝擊。啤酒常由發芽的大麥製成，與葡萄相比，發芽大麥營養更豐富、更不受大自然的反覆無常（惡劣天候及病蟲害）所影響，因此製作起來更方便且更便宜。

約 1930 年代的老式黃銅開瓶器。

1940 年代的圓錐頂啤酒罐。

因此，啤酒從未享有葡萄酒的崇高聲譽，也沒有專門針對它而推出的廉價版本，像是它的遠房親戚葡萄酒有山寨版紅酒那樣。但是它的起源可以追溯到很遠很早，它也是僅次於水和茶而風靡全世界的飲料，有人甚至認為，現代微型規模釀造啤酒的複雜與精密完善，可以與上等精釀葡萄酒相媲美呢！

01.　英式苦啤酒（Bitter），為最能代表英國啤酒的類型之一。

早期的啤酒是怎麼來的?
它是綻放琥珀色澤的腐爛穀類產物

大麥

啤酒的起源很可能與游牧民族早期轉型成穀物農業社會的發展歷程相吻合,最早大概可以追溯到西元前1萬年,有些學者甚至認為,啤酒的出現使早期人類活動從覓食轉變成務農。自然發酵這項發現(它讓我們開始懂得用大麥、小麥、玉米和米等穀物去釀造啤酒)則無疑是個偶發事件,它是潮濕的烤麵包開始變質腐爛的成果。啤酒最早是用水和發芽穀物製成,然後緩慢發酵或釀造而成,啤酒花則在幾個世紀後獲得引進,做為防腐劑和調味料(增味劑)使用。

古代美索不達米亞的黃金啤酒杯附飲用嘴。

從古代到19世紀末,啤酒通常安全無虞、可代替河流和溪流那些不衛生的水,因此,無論男女老少,人人都會飲用啤酒。

蘇美啤酒

製作大麥啤酒的考古證據,可追溯到西元前3500至3100年之間古代美索不達米亞(現代伊朗)的蘇美人時代,在沿著古絲綢之路(Godin Tepe Silk Road)的貿易路線而建的戈丁提坨(Godin Tepe)遺址上,會發現到楔形文字,而且還可以看得到上面有許許多多的啤酒象形文字。

古代蘇美人用黃金或蘆葦製成的吸管喝啤酒,即可濾除大麥殼和其他殘渣。

〈吉爾伽美什史詩〉（The Epic of Gilgamesh, 2700 BC）是蘇美人的詩，一般認定它是現存於世最早的文學巨作，也是史無前例的書面記載，描繪了啤酒是製造人世間歡樂笑料的泉源。在這首詩中，妓女莎沙哈特（Shamhat）用一種男人的氣魄，教育了名叫恩奇杜（Enkidu）的野人：

「吃食物吧！恩奇杜！這就是人類的生活方式！喝啤酒吧！那正是國家的風俗習慣！」恩奇杜拼命嗑食物直到填飽肚子為止，猛灌啤酒的他（一灌就是7壺！）身體膨脹起來，而且興高采烈唱起了歌！

〈寧卡西讚美詩〉（The Hymn to Ninkasi, 1800 BC）是謳歌蘇美啤酒女神的頌歌，詩中也描述了釀酒的過程。當時的人普遍不識字，因此唱讚美詩是一種背誦和弘揚釀造法的方式。寧卡西女祭司堪稱人類歷史上第一位釀酒師，當時女性十之八九都負責在家裡釀造啤酒，並以小酒館老闆的身分現身，而啤酒的消費族群則來自社會各個階層。

在《舊約聖經創世紀》（Old Testament's book of Genesis）中，諾亞想方設法，就是為了排解四十個晝夜都在下雨的那種無聊感，於是他為諾亞方舟準備的必備糧食清單就包括了桶裝蘇美啤酒。

蘇美人的啤酒守護女神
寧卡西（Ninkasi）

啤酒當家

在古埃及，啤酒也同樣是日常生活中重要的一環，勞工每天要領3次啤酒配給口糧，而且九成都會收到啤酒做為工資酬勞。和在美索不達米亞一樣，釀造啤酒的推手大部分都是女性。

埃及人跟蘇美人一樣，也把啤酒看作是眾神的禮物，並認為歐西里斯神（Osiris） 曾教過人類釀造啤酒。在登達拉神殿（Dendera Temple）建築群中，某篇西元前2200年的銘文就記載著：「酒醉飯飽的人滿口都是啤酒。」

史上第一個面目可憎的葡萄酒勢利鬼！

古希臘人和羅馬人都對啤酒嗤之以鼻，嘲諷它比他們鍾愛的葡萄酒遜色。在描寫德國人對啤酒的偏愛時，羅馬歷史學家塔西佗（Tacitus）絲毫不掩飾自己不屑一顧的態度：「德國人在喝的方面，都是拿發酵大麥或小麥去釀出來的恐怖東西，這玩意兒休想跟葡萄酒相提並論！」

索福克勒斯

但是附庸風雅歸附庸風雅，在古希臘和羅馬，啤酒還是很吃香的。希臘劇作家索福克勒斯（Sophocles）就提倡每日飲食內容要攝取麵包、肉、綠色蔬菜和啤酒；而挖掘馬可·奧理略（Marcus Aurelius）西元179年在多瑙河（Danube）上建造的羅馬軍隊營地後，已發現有證據證明當時正進行大量啤酒釀造作業。

---

02. 埃及神話中的冥王。

03. 羅馬帝國數一數二最偉大的皇帝，有「哲學家皇帝」美譽。

ZICKE, ZACKE, ZICKE, ZACKE, HOI, HOI, HOI（德國飲酒歌）

德國人早在西元前800年就開始釀造啤酒，但直到西元時代，啤酒才真正大放異彩，在中世紀初期，歐洲的啤酒生產中心是修道院和女修道院，使得啤酒不僅是盛情款待旅行朝聖者的聖品，還為齋戒禁食期間的僧侶提供富營養價值的糧食。

大約西元1150年時，德國僧侶將啤酒花（hop）引入釀造過程，這就是另闢新徑後，現代啤酒開枝散葉的濫觴。啤酒花增加了明顯的檸檬味苦味，可平衡麥芽甜味。

有鉸鏈蓋的德國啤酒杯設計於 14 世紀。因為鼠疫橫行與昆蟲肆虐，德國法律要求飲料容器需加蓋，以符合衛生要求。

民歌〈約翰・大麥穀粒〉與《約翰・巴利科恩》

〈約翰・大麥穀粒〉（John Barleycorn）是一首來源不可考的英語民歌，可追溯到16世紀，以這個名字作為作品題名的主題人物，用意為隱喻大麥。這首歌詳細介紹了大麥在農民和磨坊主手中飽受苦難並死亡，對應了種植大麥的不同階段，例如播種、收割和製成麥芽釀酒。在死亡中，這位犧牲生命的人物得以復活，他的身體或血液則以啤酒和威士忌的形式被飲用。有些學者認為〈約翰・大麥穀粒〉類似於基督教聖餐變體 **04** 的異教徒。

〈約翰・大麥穀粒〉有許多版本，但最著名的也許是蘇格蘭詩人羅伯特・伯恩斯（Robert Burns）1782年創作的民謠。在詩的最後一節中，他似乎是指約翰・大麥穀粒是啤酒、威士忌，或兩者都是：

約翰・大麥穀粒是勇敢的英雄，
驍勇善戰，驚天地，泣鬼神！
若你願意，但品嚐他的鮮血，
這樣做會讓你變得勇氣十足！

英國陶瓷「約翰・大麥穀粒」壺，約 1934 年出品。

喝它會讓男人忘記他的苦痛，
喝它會讓男人變得歡欣鼓舞，
喝它會讓寡婦的心高歌歡唱──
哪怕她的眼眶曾經泛滿淚水，
接下來向約翰·大麥穀粒敬酒！
每個男人手裡都拿著一杯酒，
祝老蘇格蘭偉大後代永不敗！

　　1913年，傑克·倫敦借用〈約翰·大麥穀粒〉，當作他自己的「酒精回憶錄」的書名，該著作記錄了他長年對飲酒的熱愛、以及要斬斷酒癮，他仍有漫漫長路要走：「約翰·巴利科恩（John Barleycorn） **05** 是威風凜凜的同伴，和他在一起，就是與眾神同行，他還跟沒鼻子的人（死亡）結盟。」

　　倫敦書裡記錄他5歲時第一次喝醉，在田裡工作時，他從搬去給繼父的酒桶裡拿啤酒來豪飲，到他十幾歲時，酒量已是大多男人中的佼佼者！在他的作家職業生涯初期，他拒絕喝酒，直到一有酒，每天就寫得出一千字時，才開始戒不掉酒。但日子一久，這種依賴酒精的習慣和他的健康都逐漸惡化，後來，他變成寫作就得有酒不可，或他講的「不醉不寫」！

年輕時喝啤酒的
傑克·倫敦

採用原始書衣設計的初版書

　　倫敦堆砌華麗辭藻，描述他酩酊大醉的狀態：「就像我講的，我的生命點亮了！我腦袋裡全部思緒統統就位，所有想法都待在自己的小牢籠裡，像午夜時分的囚犯一樣，穿好衣服蹲在門口，等著越獄！一個想法就是一個視野，它們樣貌清晰、輪廓鮮明、無庸置疑，而杯底一朝天，杯中物散發出來的明亮白色光芒，照亮了我的腦袋！讓我靈光一閃！約翰·巴利科恩開始暴跳如雷吐真言，大肆宣揚自己的祕密，我則化身為他的發言人。」

---

04. 指無酵餅和葡萄酒在神父祝聖時化為基督的寶血。

05. 該書名和書的主角名字。

漢普郡釀酒大師

珍・奧斯汀（Jane Austen）不僅喝啤酒，也是釀酒師。在18世紀的英格蘭，大家認為釀酒是婦女的家務勞動，在漢普郡史蒂文頓（Steventon）村莊長大的奧斯汀，可能是十幾歲時跟母親學到這項手藝。奧斯汀1808年在給她姐姐卡珊德拉（Cassandra）的一封信中也透露：「不過，照目前的情況來看，要照顧小朋友的是妳，而我則要照看大酒桶，因為我們又在釀雲杉啤酒（spruce beer）了啊！」她的話可翻譯成：帶孩子來，我有飲料！

雲杉啤酒類似沙士（又稱：根汁啤酒，傳統上是用美國檫樹〔sassafras〕的樹根和樹皮製成），但改成取雲杉樹的芽、針葉與根來調味，並含有啤酒花和糖蜜（molasse）。奧斯汀一家顯然很喜歡自製酒精飲品，他們還釀造蜂蜜酒（mead）（將蜂蜜加水發酵製成改造版啤酒）並製作葡萄酒。

奧斯汀釀造的啤酒在她的小說《愛瑪》（Emma, 1815）中登場：「他想在他的筆記本裡寫一份備忘錄，主角就是雲杉啤酒，奈特利先生（Mr. Knightley）一直告訴他關於釀造雲杉啤酒的事。」

不幸的是，奧斯汀確切的酒譜已被歷史所遺忘，不過位於英格蘭巴斯（Bath）的珍・奧斯汀中心則提供了大同小異的版本：

珍・奧斯汀的雲杉啤酒作法：

材料：
5加侖（約18927毫升）水
⅛磅（約57公克）啤酒花
½杯乾燥搗碎生薑根
1磅（約454公克）雲／冷杉（spruce fir）的外嫩枝
3夸脫（約2,839毫升）糖蜜
溶於½杯溫水的½個酵母餅

把水、啤酒花、生薑根和雲／冷杉的外嫩枝放進大水壺中混合，一起煮到所有啤酒花都沉到水壺底部為止，過濾後裝入一大缸，加進糖蜜攪拌。待冷卻後加入酵母餅，蓋好再放置48小時，然後裝瓶並封上蓋子，放在溫暖的地方（華氏70至75度／攝氏21至24度），5天之後即可飲用。需直立存放於陰涼處。

釀造工藝：啤酒花東山再起

喬治・霍奇森

20世紀下半葉美國手工藝釀造革命的催化劑（這項運動從根本上改變了啤酒產業的發展）──它是曾被世人遺忘，而現在又捲土重來的啤酒風格：印度淺色愛爾（India Pale Ale），也是眾所周知的IPA。如今啤酒花會席捲全世界，這都要歸功於18世紀的英國釀酒商人喬治・霍奇森（George Hodgson），他這項釀酒發明佳評如潮。

1752年霍奇森在倫敦黎河（Lea）畔成立鮑爾啤酒廠（Bow），這個地點十分便捷，便於向位在泰晤士河畔碼頭區輕便鐵路布萊克沃爾站（Blackwall）的英國東印度公司艦隊供應啤酒。英國東印度公司是大英帝國對東方（印度）的啤酒和其他商品的主要供應商。1780年代，霍奇森意外發現在成品啤酒桶中添加啤酒花可當作防腐劑，有助於防止酒在為期6個月往印度殖民地的海上航行過程中壞光。這款不變質的新啤酒被稱為印度淺色愛爾。

英國作家威廉・梅克比斯・薩克萊（William Makepeace Thackeray）天生就對印度淺色愛爾有好感──他在印度出生，父親恰巧在英國東印度公司工作。他在他於印度殖民地創作的諷刺小說《加哈甘少校歷險記》（The Tremendous

1820 年代，塞繆爾・阿索普（Samuel Allsopp）酒廠開發出一款他們自家版的霍奇森風味「印度淺色愛爾」。

Adventures of Major Gahagan, 1838年首次連載）中，公開提及了霍奇森的鮑爾啤酒廠：「他說，看到我品嚐霍奇森的印度淺色愛爾（我在孟加拉地區〔Bengal〕的第一年，這款酒我就狂掃了234打），他很感興趣。」

薩克萊在他最享譽天下的小說《浮華世界》（Vanity Fair, 1848）裡，也點名了霍奇森的印度淺色愛爾，因為書中描寫了英國東印度公司有位員工約瑟夫（喬斯）・謝德里（Jos Sedley）

細啜慢飲了「讓這個地方因此聲名遠播的『印度淡色愛爾』」；在他另一本著作《從康希爾到開羅的旅途筆記》（Notes on a Journey from Cornhill to Cairo, 1846）中，薩克萊提到，一發現「駱駝馱運的哈德森（Hodson）淺色愛爾，是從貝德魯特（Beyroot）**06** 來的」，他不禁欣喜若狂！

到19世紀後期，工業冷藏技術的面世，令印度淺色愛爾的地位岌岌可危，啤酒花不再是延長啤酒保存期限的救星，反倒被酒體清澈的拉格（Lager）**07** 啤酒類型所取代，拉格在接下來的一百年廣受大眾青睞占上

威廉・梅克比斯・薩克萊

風；但是啤酒花後來絕地大反攻，因為美國手工精釀啤酒釀造業大肆興起。美國西海岸啤酒廠爭先恐後清一色端出啤酒花，這種競爭趨勢也到了白熱化的程度，讓印度淺色愛爾用量跟著成長2到3倍。

啤酒花

---

06. 敘利亞海港。

07. 又稱窖藏啤酒，是一種經過低溫熟成的啤酒。

維多利亞時代的「瓶裝水」

　　查爾斯·狄更斯是他那個時代最優秀的編年史家，他的小說不乏啤酒、酒吧和釀酒廠。正如狄更斯小說所反映的，19世紀的小孩會喝「淡啤酒」（small beer）或「佐餐啤酒」（table beer），因為毒性較低，可替代泰晤士河不衛生的飲用水。像《董貝父子》（Dombey and Son, 1848）的男管家在服侍病懨懨的保羅·董貝二世（Paul Dombey junior）時，「有時會將波特（porter）**08** 跟小主人的佐餐啤酒混在一起，讓他頭好壯壯！」；《塊肉餘生錄》（David Copperfield, 1850）中，述說自身故事的主角，少年英雄娓娓道來：「走進一間奇怪小酒館的吧檯，來一杯愛爾或波特。」；還有《遠大前程》（又譯《孤星血淚》，Great Expectations, 1861）的郝薇香小姐（Miss Havisham）繼承她父親的財產，他曾擁有並經營一家釀酒廠。

---

08. 以烤過的麥芽發酵而成，廣受河上及街道搬運工（porter）歡迎而得名。

09. 《孤雛淚》中的教唆犯小偷，負責訓練和管理書中一幫小扒手。

10. 弗利特街（Fleet Street）在1980年代以前是多家英國媒體的總部所在地。

查爾斯·狄更斯

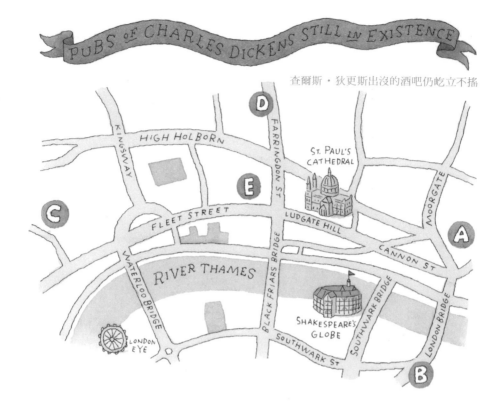

查爾斯・狄更斯出沒的酒吧仍屹立不搖

A 喬治與禿鷹酒吧 （George & Vulture）

地址：3 Castle Court

在《匹克威克外傳》（The Pickwick Papers, 1836～1837）中經常提到經典的狄更斯酒吧。

B 聖喬治屠龍酒吧 （The George Inn）

地址：77 Borough High Street

狄更斯是這裡的品酒常客，並在著作《小杜麗》（Little Dorrit, 1855～1857）中提到這間酒吧，他的人壽保單就掛在牆上。

C 小羊與旗幟酒吧 （Lamb & Flag）

地址：33 Rose Street

該酒吧刻了匾額，以紀念狄更斯這位熟客光臨的歲月。

D 大酒樽（One Tun）

地址：125/126 Saffron Hill

該酒吧與《孤雛淚》（Oliver Twist, 1839）裡費金（Fagin）**09** 的齷齪卑劣巢穴位於同一條街上，它也是此小說中「三個瘸子酒館」（Three Cripples public house）的替身。1830年代狄更斯會來此飲酒。

E 老柴郡起司 （Ye Olde Cheshire Cheese）

地址：145 Fleet Street

狄更斯年輕時，在這條街上擔任媒體記者 **10**，並趁地利之便到此與酒約會！

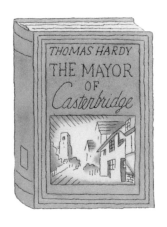

由美國現代圖書館出版的作品書衣（1950）。

多爾切斯特愛爾啤酒

湯瑪士‧哈代（Thomas Hardy）鍾愛的故鄉多爾切斯特（Dorchester），是孕育他許多小說的搖籃，這座城市因為出產口味特別強烈的愛爾而赫赫有名，愛爾也出現在他作品的無數段落裡，哈代激賞愛爾可見一斑！

哈代的《嘉德橋市長》（The Mayor of Casterbridge, 1886）提到一道家釀版愛爾。下面這道酒譜（快搬出釀造啤酒專業字典隨侍在側才能看懂它！）是哈代的「威塞克斯小說」（Wessex）**11** 中鄉村酒吧裡常出現的那種：

材料：

15磅（約6804公克）英式淺色麥芽

2磅（約907公克）淺紅糖

啤酒花：奇努克（Chinook）啤酒花要煮沸用，約25「家釀啤酒苦度單位」**12** 富格爾斯（Fuggles）啤酒花，在煮沸過程快結束的時候加入，大約1盎司（約29毫升）2分鐘。

啤酒發酵完後，第二次再加¹⁄₈的奇努克啤酒花。

啤酒發酵完後，第二次再加¹⁄₄的富格爾斯啤酒花。

糖化（Mash）：需放入15夸脫（14,195毫升）的水。

作法：

起始糖化為華氏130度（攝氏54.4度），上升至華氏158度（攝氏70度），維持1.5個小時。

在水溫華氏170度（攝氏76.7 度）下洗糟（Sparge）**13**，用水量為30夸脫（約28,391毫升）。加入1茶匙石膏。

煮沸約6小時。在煮沸結束前60分鐘添加苦味啤酒花。

麥汁應為3.5至4加侖（約13,250至15,140毫升）比重，比重應為1.30至1.145 **14**。

酵母：1028w酵母

7天後，放入5加侖（18930毫升）的釀酒罐（carbouy）中，並加入香檳酵母。發酵4至6天，然後放入30加侖（113,560毫升）的釀酒罐中。

如果沒有30加侖的釀酒罐，則可在5加侖釀酒罐中，注入乾冰以除去氧氣。

用啤酒花袋（hop bag）進行2週冷泡法。拿掉啤酒花袋，再擱置一個月。

瓶子：在裝瓶以前讓啤酒產生二氧化碳（碳酸飽和）。裝瓶時添加一些香檳酵母。

用玉米糖（corn sugar）當作瓶中再次發酵用糖，進行瓶中穩定（prime）：約¹⁄₃杯。

1968年，多爾切斯特的埃爾德里奇·波普啤酒廠（Eldridge Pope Brewery，1831年首次開張），推出了湯瑪士·哈代愛爾啤酒（Thomas Hardy's Ale，依容積計算的酒精含量百分比為11.7%——是當時英國生產的刺激感、飽足感以及後勁最強烈的啤酒），以紀念哈代逝世40週年。標籤上印有哈代在他的小說《司令長》（The Trumpet-Major, 1880）中描述的一種威塞克斯烈啤酒：「這是藝術家希望映入眼簾的最美麗啤酒色彩；酒體雖豐滿厚重，卻像火山一樣活躍；它又辣又刺鼻，但沒有令人難以忍受的怪味；還像秋天的夕陽一樣，酡紅餘暉絢爛，而無顏色不均勻；但最後還是能令人醉生夢死！」

湯瑪士·哈代

《告密的心》
（THE TALL-TALE HEART）**15**

　　有首名為〈觴詠愛爾啤酒〉（Lines on Ale, 1848）的詩被認為是埃德加·愛倫·坡寫的，但搞不好這廣為流傳的說法只是憑空杜撰的，據說，愛倫坡在麻薩諸塞州洛厄爾的華盛頓酒館（Washington Tavern）寫下這首詩，他的酒吧醉漢綽號就不脛而走，直到1920年左右，此詩的「原始」版本都掛在該酒館牆上，但有些學者認為，這則逸文軼事只是調酒師惡作劇的騙人把戲。

〈觴詠愛爾啤酒〉

　　裝滿混合奶油色琥珀色的酒，
　　我要再次把那杯酒喝個精光，
　　我的腦袋瓜激盪出精彩綺想，
　　那奇思異想化為現實再消逝；
　　我何需在意時光要如何流逝？
　　我今天把愛爾啤酒喝個痛快！

---

11. 哈代的小說中大多以名為威塞克斯的鄉村地區為背景，對應了現實中哈代的故鄉，人們也常把哈代的小說稱為「威塞克斯小說」系列。

12. 家釀啤酒苦度單位（HBU, Homebrew Bitterness Unit）＝1毫克 α-酸／1升啤酒。

13. 指沖洗糖化後的糟層，盡可能溶出糖類。

14. 比重是指麥汁濃度。原文出自古代酒譜，現代啤酒比重通常為$1.048 \pm 10\%$。

15. 又譯《泄密的心》，愛倫.坡於1843年所著的短篇小說。

因酒結為莫逆之交

赫爾曼‧梅爾維爾和納撒尼爾‧霍桑

《白鯨記》（Moby-Dick, 1851）作者赫爾曼‧梅爾維爾顯然很陶醉於與人把酒言歡的那種社會鏈（social bond）：按照1850年開始記錄的兩人日記瑣事來看，他和以《紅字》（The Scarlet Letter, 1850）成名的納撒尼爾‧霍桑（Nathaniel Hawthorne）就在觥籌交錯、飲酒作樂中義結金蘭。

1856年，梅爾維爾去探視霍桑，霍桑獲任命為美國駐利物浦領事之後就住在英國。他們搭火車去紹斯波特（Southport）旅行後，在11月10日的日記中，梅爾維爾難掩興奮之情：「好個愉快的一天！在海邊漫步良久，有沙子和草，狂野而荒涼，風呼嘯而過，聊得太盡興，晚上換司陶特接力，泡在狐狸和鵝（Fox & Goose）裡。」狐狸和鵝是當地酒吧。

11月15日參觀過切斯特（Chester）大教堂後，霍桑在自己的日記中細細品味他們倆「在櫃檯後的酒吧間裡坐下來，抽了雪茄，拿司陶特舉杯縱酒」的時光。

司陶特源自 1700 年代初期的倫敦，為深色啤酒，通常採用烘烤大麥製酒。

酒的十字軍戰士

愛挖苦人的美國記者暨社會評論家亨利·路易斯·「H.L.」·孟肯在禁酒令期間堅決捍衛酒精，堅信真正的野蠻人是禁酒幫而非飲酒族——「直立猿人才會拒酒於門外，而天使——可以肯定是天使無誤——知道下午5點該做什麼最上道！」

亨利·路易斯·「H.L.」·孟肯

他喜歡各式各樣的酒精飲料，但他酷愛啤酒，捷克皮爾森（Czech pilsner）是他的衡量啤酒的黃金準則。有一次，他到捷克斯洛伐克皮爾森（Pilsen）朝聖，宣布它「是全世界最棒的啤酒之鄉，因此也是人類數一數二最偉大的聖地！」

皮爾森·歐克（Pilsner Urquell）源自 1842 年，是最早的捷克皮爾森啤酒。

1920 年代的禁酒海報

41

健力士妙不可言！
（GUINNESS IS GOOD FOR YOU）

1759年，當時34歲的亞瑟·健力士（Arthur Guinness）簽署了9千年的租約，租下都柏林聖詹姆士門（St. James's Gate）一座破舊的房產，健力士黑啤酒（Guinness stout，又譯健力士司陶特啤酒）這個愛爾蘭啤酒品牌，從此高踞啤酒界首屈一指最具代表性啤酒的寶座！忘掉瓶瓶罐罐的啤酒，桶裝健力士黑啤酒才是正統的飲用方法，任何啤酒老行家都對這個歷史悠久的品嚐儀式很熟悉——先開酒桶龍頭適量倒入生啤酒，也就是把生啤酒品脫玻璃杯裝三分之二滿，接著調酒師離開現場，讓酒「洶湧和沉澱」幾分鐘，然後再回來用同一方式將剩下的杯子填滿。只有在泡沫頭與黑啤酒體之間分離成「涇渭分明」時，客人再開始享用杯酌。

亞瑟·健力士的雕像，位置在他的家鄉基爾代爾郡的塞爾布里奇。

愛爾蘭作家詹姆斯·喬伊斯偏愛葡萄酒的事已經不是新聞了，但他稱健力士黑啤酒為「愛爾蘭國酒」，且他的作品中也提過無數次健力士家族和這款愛爾蘭的國酒。

在《尤利西斯》（Ulysses, 1922）中，主角利奧波德·布魯姆（Leopold Bloom）的腦中曾倏忽即逝出現健力士釀酒廠：「要是能透過漢考克（Hancock）弄到一張參觀券就好啦，去看看那家釀酒廠該多麼有趣！那裡就是一座標準化的世界，有搬運工在搬釀造大桶——妙矣！老鼠也會溜進去，把牠的身體喝撐成牧羊犬那樣大了好幾號，在酒池裡浮啊浮的，工人還會搬酒桶灌酒灌到自己爛醉如泥！」喬伊斯也提到亞瑟的曾孫阿德朗閣下（Lord Ardilaun）與艾維格閣下（Lord Hancock）。

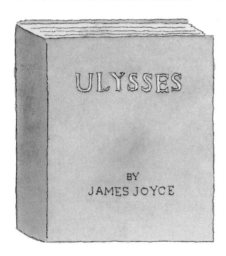

這本具爭議性的小說的零裝飾簡樸初版，1922年由書商西爾維婭·畢奇（Sylvia Beach）在巴黎出版。

在《芬尼根的守靈夜》（Finnegans Wake, 1939）中，「參觀健力士釀酒廠」則是列入為書中人物伊厄威克（Earwicker）的子女——閃姆（Shem）、尚恩（Shaun）和伊喜（Issy）所設計的篇章中。

通往健力士釀酒廠的聖詹姆士門入口

傳說喬伊斯把他的廣告標語：「健力士黑啤酒暢快奔流、泡沫綿密，暢飲一杯，包你提神醒腦，恢復活力！」交給亞瑟・健力士公司，但就像許多酒界的趣聞軼事一樣，這件事其實不足採信。凱瑟琳・古貝納蒂絲・丹儂（Catherine Gubernatis Dannen）2011年在《詹姆斯・喬伊斯季刊》（James Joyce Quarterly）裡的某篇文章提出結論——這件事是為了1982年的健力士黑啤酒廣告而捏造的，利用這間公司讓人聯想到「喬伊斯產業」[16]這一點，目的就是搭這班順風車炒作。

詹姆斯・喬伊斯

儘管如此，那間公司不太可能會替換自己已經熟悉的標語：「健力士妙不可言！」喬伊斯在《芬尼根的守靈夜》中為文談酒：「讓我們找個地方堆那波特啤酒（porter）……並體驗那泡沫濃密的樸實啤酒，大家來為喝瓶酒奮鬥吧——再把聖詹姆士門握在我手中！」他還用健力士那句家喻戶曉的標語創造雙關語「成吉思汗壞透了！」（Genghis is ghoon for you）。

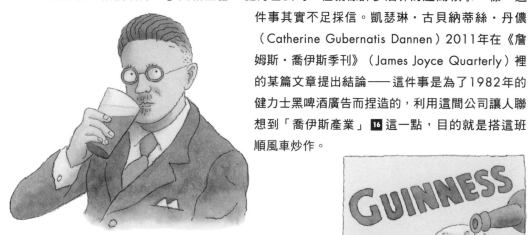

1929 年的健力士黑啤酒海報

---

16. 喬伊斯的作品和「意識流」思想對世界文壇影響深遠，形成龐大的學術和批判產業，有關他的論文專著數量僅次於莎士比亞，足見喬伊斯對世界文學的重要性。

啤酒奶昔和上帝的聲音

在約翰・史坦貝克（John Steinbeck）的小說《製罐巷》（Cannery Row, 1945）中，主角多克（Doc）是啤酒狂，有人就有感而發：「總有一天（他）會進去點一杯啤酒口味的奶昔！」

多克對這個主意很著迷，最終鼓起勇氣點一杯，他設計了酒譜請現場服務生製作：「放一些牛奶，加半瓶啤酒，剩下的半瓶幫我倒在杯子裡給我——要作成無糖奶昔！」事實證明，史坦貝克的這個愚蠢舉動是有先見之明的——70年後，在連鎖餐廳的菜單裡可以找到這道啤酒奶昔呢！

開創自白詩先河的安妮・塞克斯頓（Anne Sexton）是美國普立茲獎（Pulitzer Prize）得主，雖然偏愛馬丁尼酒，但午餐喜歡配啤酒。在詩作《為埃莉諾・博伊蘭與上帝交談》（For Eleanor Boylan Talking with God, 1962）裡，她劈頭第一句就是：

約翰・史坦貝克

上帝有棕色的聲音，像啤酒一樣柔和飽滿。

男人與啤酒

沒有人能確定啤酒會壓倒性勝出搏得男人支持，是基於何種生物學或社會因素所致，有些味覺科學家堅稱，女性對味覺的敏感性較高，對苦味的忍耐度較低，社會法令還宣布，喝甜美水果味「妹酒」並非有「男子氣概」的男人會做的事；奇怪的是，典型的男子漢海明威才不甩啤酒哩！與陽剛男定義背道而馳的他，甚至難以抗拒黛綺莉（daiquiri）等水果味調酒——雖然它無糖。

有哪些大男人主義的男人會對啤酒忠心耿耿？這些人包括：

米基·史畢蘭（Mickey Spillane）在他的犯罪小說《審判者》（I Jury, 1947）中，安排了偵探麥克·哈默（Mike Hammer）為主角。在那些冷硬派偵探裡，哈默（Hammer）是個異類——跟他沒威士忌就慌張的夥伴不一樣，他百喝不厭的是啤酒。在後來的小說中，哈默對美樂淡啤酒（Miller Lite）（史畢蘭恰好曾是這個牌子的推銷員）一片痴心。

米基·史畢蘭

諾曼·梅勒（Norman Mailer）是《裸者與死者》（The Naked and the Dead, 1948）的作者，1964年接受《巴黎評論》（The Paris Review）採訪時，描述了他的工作日常，他酷酷地說：「下午，我通常需要一罐啤酒來啟動我的寫作能量！」

日子過得捉襟見肘時，查理·布考斯基就自動變成「啤酒哥」。1988年，《生活》（Life）雜誌請一些著名的科學家、神學家、藝術家和作家來解析生命的意義。布考斯基這樣回答：

對上帝的信徒而言，大多數再天大的問題都能迎刃而解，但是對我們這種不能輕易接受上帝公式的人來說，攸關大事的答案並不會一成不變，我們會適應新環境與新發現！我們能伸能屈！愛不一定是命令或信念格言，我就是我自己的上帝！ 我們來這世上，不是來管教會、國家和我們的教育體系那套教條的，我們來這裡是要跟啤酒同樂的！

查理·布考斯基

俄國啤酒花

俄國詩人暨小說家鮑里斯・巴斯特納克（Boris Pasternak）以小說《齊瓦哥醫生》（Doctor Zhivago, 1957）而舉世聞名，他在自己的愛情詩《啤酒花》（Hops, 1953）中，表達了對啤酒花這個啤酒獨特成分的敬意：

柳樹下，陷入愛河的痛苦圍繞著常春藤，
我們要找個地方躲最壞的情況，
在暴風雨中，厚重長大衣
圍住我們的肩膀，而我的手環繞著妳的腰。
我錯了，原來並不是在樹林周圍
纏繞在灌木叢中的常春藤，
而是啤酒花——是你讓我陶醉不已！
就讓我們在這片種滿啤酒花的地面上，鋪好那厚重長大衣躺下吧！

鮑里斯・巴斯特納克

史蒂芬・金

只會當工作狂，卻不品嚐啤酒，會讓人變笨蛋！

美國恐怖懸疑大師史蒂芬・金（Stephen King）是啤酒迷，不過他多半是以家為活動範圍。現在對酒大多適可而止的他，2013年接受《衛報》（The Guardian）專訪時態度直率：「我不會到外面上酒吧，因為那些地方蛇鼠一窩，都是像我一樣的人！」

他把自己最威名遠播的著作《鬼店》（The Shining, 1977），視為他在懺悔自白，這部小說描寫有位酒鬼父親想殺死自己的孩子，故事則出自於他自己沈迷酒精時，對他的孩子產生的敵對情緒，寫這本書能讓金從他那種根深柢固的負能量中抽離出來。

在買醉那段日子裡，金在《作家文摘出版社》（Writer's Digest）的訪談中直言：「我就愛醉了再寫，這時的我一向寫作信手拈來，雖然我從未靠酗酒或去啃什麼來引起幻覺，就寫得出能賣錢的東西。」在他「我酒故我寫」的期間，他認為酒是他寫作上的好幫手：「動不動就酒來酒去的作家，在文壇只會曇花一現，但是喝酒有節制，搞不好就能意到筆隨。」這是金的看法。

1980 年的平裝本，以史丹利‧庫柏力克（Stanley Kubrick）電影海報中的藝術風格為特色。

《「B」就是「beer」》

美國小說家湯姆‧羅賓斯（Tom Robbins）是《即使女牛仔也會陷憂鬱》（Even Cowgirls Get the Blues, 1976）的作者，當他瞥見《紐約客》雜誌上的法蘭克‧科特姆（Frank Cotham）**17** 的漫畫標題「我懷疑以啤酒為題材的兒童讀物銷路會好！」時，他決定接下這項挑戰！

結果就是他寫了《「B」就是「beer」》（B Is for Beer, 2009），用羅賓斯自己的話說，這本書讓小孩「恍然大悟為何老爸在車庫裡放了第2台冰箱，以及為何上學日的晚上，他還在屋外那兒當夜貓子，脫掉襯衫，聽史密斯飛船（Aerosmith）。」該書無疑也令成人大為折服，然後還大賣45,000本！

17. 近年起新加入《紐約客》雜誌的漫畫家。

通過 Cicerone 國際啤酒
認證的啤酒專家

我們信仰啤酒

如今，啤酒發燒友正盡情享受釀酒的輝煌時代——隨著愈來愈複雜和與眾不同的產品上市，現代小型釀酒廠持續突破極限、再創顛峰，啤酒口味從以前清淡無味的拉格款式，到現在日新月異，一路推陳出新，盤點現今的酒類商店貨架，求新求變的冒險系啤酒控可能還會挖到各種搞怪新鮮貨：像酪梨蜂蜜愛爾、比薩啤酒、甜甜圈巧克力花生醬香蕉愛爾、椰子咖哩酵母小麥啤酒、培根咖啡波特、以及生蠔司陶特（oyster stout）（它就是烤牛睪丸味司陶特）**18**。

啤酒痴（beer snobs，這在以前是一種矛盾修辭法，批判這些人高高在上，瞧不起別人）現在有理由高興了——現代啤酒已經悄悄竄升成與上等葡萄酒和威士忌平起平坐，通過Cicerone啤酒考試與啤酒專業認證系統的啤酒侍酒師，身分就等同於葡萄酒侍酒師，這些啤酒侍酒師現在很樂於將有機酸啤酒發揚光大成國民飲料，不少餐館現在也都祭出啤酒佐餐系列料理菜單，以展現啤酒的高度。

受人尊敬的美國科幻作家雷‧布萊伯利（Ray Bradbury）一如往常穿越時空，走在他時代的尖端——因為他的短篇小說集《十月國度》（The October Country, 1955）中，有句話一語道破了啤酒是雅俗共賞的飲料，他是這麼形容的：「啤酒那麼卓越，這麼多白痴還拿去喝了，真可惜啊！」

---

18. 創意取自餐前菜「洛磯山脈蠔」（Rocky Mountain oysters），雖然稱為蠔，其實是公牛的睪丸。

WHISKEY

第三章 威士忌

我與威士忌的關係，就像普魯斯特  01 與瑪德蓮蛋糕 02 是生命共同體一樣。

——沃克·柏西（Walker Percy），1975美國《君子雜誌》（Esquire）專訪

在飲料學中，鮮少有飲料能與威士忌（whiskey，也拼寫成whisky，包括波本威士忌〔bourbon〕和蘇格蘭威士忌〔scotch〕）其多采多姿的歷史或成為流行文化的象徵這些特質匹敵的！威士忌是用穀物製成的蒸餾酒，它讓人聯想起野性凶猛的蘇格蘭高地人、頭髮花白的西方槍手與冷硬派偵探的形象；它的文學血統也很深厚——喜愛威士忌的作家名單，比偏好本書提到的其他任何酒類的作家名單還長！

生命之水

蒸餾技術、或蒸發和冷凝液體以去除雜質並取得精華的過程，最早可追溯到西元前2000年的中國、埃及或美索不達米亞。幾千年來，蒸餾技術流傳到歐洲，並在11和13世紀之間的某段時間，藉著在多處布道的僧侶傳入了蘇格蘭和愛爾蘭。蘇格蘭和愛爾蘭的修道院由於缺乏適當氣候可以進行葡萄種植和葡萄酒生產，因此轉向使用當地取得的穀物製酒，威士忌因此誕生。蘇格蘭和愛爾蘭仍在爭執誰先發明了威士忌。

---

01. 馬塞爾·普魯斯特（Marcel Proust）為法國意識流作家，他最主要的作品為《追憶似水年華》（À la recherche du temps perdu）。

02. 《追憶似水年華》的主角將瑪德蓮蛋糕視為童年記憶的連結，也是促成他開始寫作的關鍵。

威士忌（whisky）一詞源自愛爾蘭蓋爾語（Gaelic）「uisge Beatha」，意思是「生命之水」，英國人將它修改為「whiskybae」，然後沒多久就簡稱為「whisky」。「Whisky」是蘇格蘭和加拿大使用的拼寫，「whiskey」則是愛爾蘭以及美國的表達方式。

帶著醉意的蘇格蘭吟遊詩人

蘇格蘭威士忌早已廣為人知，自然而然被當作該國的國酒，也毫不意外是該國民族詩人羅伯特・伯恩斯（Robert Burns）品賞回味和愛戀至深的對象。據傳，他22歲在北愛爾郡沿海城市歐文（Irvine）第一次嚐威士忌，那是他遷居去學習亞麻梳理的地方。

伯恩斯在他的詩《蘇格蘭酒》（Scotch Drink, 1785）中，說到威士忌是他的靈感：

羅伯特・伯恩斯

啊，我的繆斯女神！美好的昔日蘇格蘭威士忌！
無論是穿過汝急忙閃避的蠕蠕而動的蟲，
還是因為進入深褐色、豐富泡沫的境界，
在令人愉快的農場裡，賦予我靈感，直到我咬著舌頭，口齒不清眨眨眼，
唱妳的名字！

蘇格蘭雙耳小酒杯，或傳統的「友誼」飲酒器，它可追溯到 16 世紀，蘇格蘭高地氏族首領用它來共享威士忌。

華特・史考特爵士

同為蘇格蘭人也是《撒克遜英雄傳》（Ivanhoe, 1820）與《羅布・羅伊》（Rob Roy, 1817）等經典小說的作者華特・史考特爵士（Sir Walter Scott），同樣獨愛他老家出產的這款酒。正如蘇格蘭威士忌歷史學家伊恩・羅素（Iain Russell）探究的：史考特爵士「眼中的優質蘇格蘭威士忌是一種高貴的飲品，是理想化的蘇格蘭高地文化不可分割的一部分，是他大部分作品的靈感來源。」

史考特爵士的小說《威弗萊》（Waverley, 1814）是公認的西方傳統中首部歷史小說，講述1745年詹姆斯黨叛亂起義（Jacobite uprising）期間，隨軍團赴蘇格蘭的菜鳥英國士兵的故事。那裡有人向他介紹蘇格蘭高地人英勇的傳統和威士忌：

蘇格蘭高地人

切割採收泥煤鏟——在把大麥製成麥芽的過程中，往往會用到泥煤煙燻，來定調蘇格蘭威士忌那一抹獨特細緻的泥煤味。

「但對除了蘇格蘭高地人以外的任何人來說，發威士忌當津貼似乎是件非常浪費且奢侈的事，前者完全生活在露天和非常潮濕的氣候下，可以耗掉大量烈酒，而不會對大腦或身體產生常見的有害影響。」

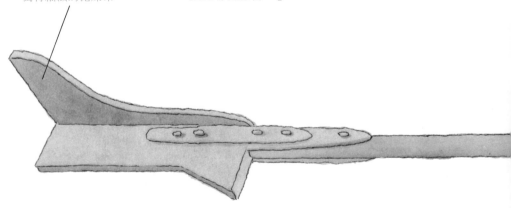

蘇格蘭人的權力與榮耀

橫越大西洋，那些歐洲的20世紀作家，他們對威士忌保有的熱情跟他們的祖先不相上下啊！

只要沒有蘇格蘭珍寶J＆B威士忌和蘇打水，英國優秀的小說家格雷安·葛林（Graham Greene）就會渾身不對勁！格林作品裡有位首屈一指、大名鼎鼎且最具爭議性的人物，就是他的小說《權力與榮耀》（The Power and the Glory, 1940）中的無名「威士忌神父」，該小說出版時最初發行3,500本，大家都認為這是他的偉大傑作。小說背景設定在1930年代的墨西哥，書中描繪那位牧師克盡己職，服侍他的貧困信徒，而當時他因政府鎮壓天主教會的宗教肅清活動，而不斷嗜酒並陷入恐懼的精神折磨中。

文壇數一數二以飲酒場景著稱的情節，出現在格林的《哈瓦那特派員》（Our Man in Havana, 1958）裡，小說主角詹姆斯·沃爾莫德（James Wormold）白天是倒霉的吸塵器業務員，晚上則變身為間諜。跟對手玩西洋棋遊戲時，他拿出自己收藏的威士忌裡的迷你瓶當作遊戲棋——威士忌在一邊，波本威士忌在另一邊，「拿誰就喝誰，」沃爾莫德說明規則。名字被拿去喊「將軍」攻王的威士忌有約翰走路紅牌威士忌（Johnnie Walker Red）、海格添寶威士忌（Haig Dimple）、凱爾戈姆威士忌（Cairngorms）和格蘭威士忌（Grant's）、波本威士忌隊則有四朵玫瑰（Four Roses）、肯塔基酒館（Kentucky Tavern）、歐佛斯特（Old Forester）和老泰勒（Old Taylor）這些隊友。

格雷安·葛林評價第一的
蘇格蘭威士忌

各種烈酒對金斯利·艾米斯（Kingsley Amis）總有擋不住的吸引力，而且這件事是有充分證據為憑的，不過，蘇格蘭威士忌在他心中的重要地位無「酒」能及！ 他把自己對它的情意，用讚頌歌《每天飲酒》（Every Day Drinking, 1983）表現：「蘇格蘭威士忌是我的荒島飲品，我的意思不只是要表達它就是我的愛酒，我還想說——對我而言，比起其他任何東西，它幾乎適合任何場合時間、就連佐餐都很理想！」

身為多產作家的艾米斯不反對一邊喝酒一邊按打字機鍵盤寫作。1975年接受《巴黎評論》雜誌採訪時,他承認:「所以對我來說,適度並且輕鬆悠閒喝幾杯最是可貴——至少我是這麼認為的。叫我跟酒保持距離,我說不定就能登上寫作巔峰?可能是吧……但如果身邊少了酒,我的作品會少很多,這可不是我隨便說說而已!」

金斯利・艾米斯使用的阿德勒通用 39 打字機(Adler Universal 39 typewriter)。

相對於他許多同時代的人都是一醉方休,詹姆斯・喬伊斯則對酒淺嚐即止,雖然如此,除了上述的葡萄酒和啤酒外,他還對威士忌興致勃勃。他的傳記作家理察・埃爾曼(Richard Ellmann)筆下的喬伊斯較常只在晚上喝酒,他表示:「他對於過度飲酒相當謹慎。」

這裡有一則關於喬伊斯的趣談:因身體屐弱,加上《芬尼根的守靈夜》的初稿市場反應不佳,讓喬伊斯心裡很受傷,考慮招兵買馬找合著作者幫忙,以免他無法獨力完成這部小說,而詹姆斯・史蒂芬斯(James Stephens)則是首要人選,但原因並非他最有資格與喬伊斯共筆,而是因為書的封面可以一起顯示他們倆姓名的字首字母縮寫(JJ&S),長得就像讓喬伊斯念念不忘的愛爾蘭都柏林威士忌品牌——尊美醇愛爾蘭威士忌(John Jameson &Son)的酒名一樣!

布藍登・畢漢(Brendan Behan)是愛爾蘭共和國的詩人、小說家暨劇作家,在他短暫的一生中(他1964年因酒精相關原因去世,享年41歲),他豪飲愛爾蘭威士忌和其他酒。他自稱是「寫作有問題的酒棍」,他也是棒客樂團(Pogues)歌曲《威士忌洪流》(Streams of Whiskey)裡的主人翁。

讓詹姆斯・喬伊斯讚不絕口的威士忌品牌。

離鄉背井漂洋過海遠赴美國的威士忌工匠

17世紀時，不少蘇格蘭和愛爾蘭移民抵達美國，定居在他們建立的美國殖民地，他們還帶來了自己的威士忌蒸餾技術。威士忌很快成為有價值的商品，並在美國獨立戰爭期間用作貨幣。

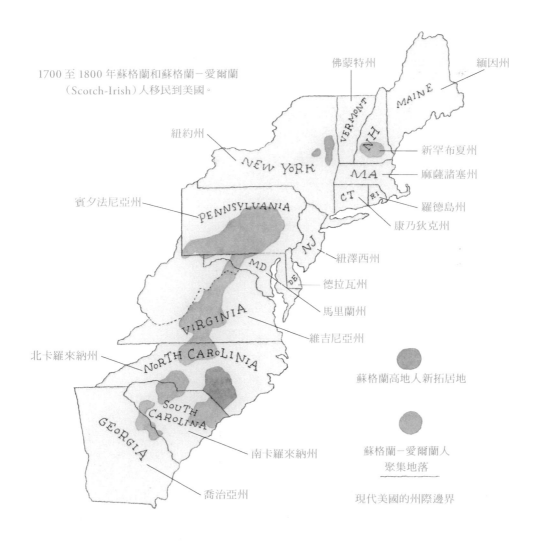

1700 至 1800 年蘇格蘭和蘇格蘭－愛爾蘭（Scotch-Irish）人移民到美國。

佛蒙特州

緬因州

紐約州

新罕布夏州

麻薩諸塞州

賓夕法尼亞州

羅德島州

康乃狄克州

紐澤西州

德拉瓦州

馬里蘭州

維吉尼亞州

北卡羅來納州

蘇格蘭高地人新拓居地

蘇格蘭－愛爾蘭人
聚集地落

南卡羅來納州

喬治亞州

現代美國的州際邊界

55

1791年，亞歷山大・漢密爾頓（Alexander Hamilton）對威士忌徵收聯邦消費稅，以助於償還因美國獨立戰爭欠下的債務，促使賓夕法尼亞州的蘇格蘭和愛爾蘭移民農民發起了起義，稱為威士忌起義（Whiskey Rebellion），收稅員遭到攻擊，在某些情況下還被鞭打、塗柏油，而且被插上羽毛。1794年，喬治・華盛頓總統命令政府民兵鎮壓暴亂。直到1802年，湯瑪斯・傑弗遜總統才廢除了該稅。

威士忌起義期間，收稅員被抗爭的農民和釀酒師搞了一身焦油與羽毛。

南方安逸（Southern Comfort）**03**

美國威士忌中的大熱門商品是波本威士忌，其發源地是為美國南部，可不是隨便的烈酒都能取名為波本威士忌！具備美國血統是必要條件，它要在炙燒過的全新橡木桶中陳年，還要由玉米比例占至少五成一的穀物混合物製成。

19世紀時，大家普遍接受「波本威士忌」這個名字就是源自於肯塔基州北部的波本縣；不過，波本威士忌歷史學家暨作家麥可・韋奇（Michael Veach）則將該酒名的起源，追溯至紐奧良和大家稱他們為塔拉斯孔兄弟（Tarascon brothers）的人，塔氏兄弟1807年左右經法國的干邑區（Cognac region），抵達路易維爾（Louisville），並開始將當地威士忌沿著俄亥俄河（Ohio River）向下運往路易斯安那州（Louisiana）的港口城市。消費者對「他們在波本街上販賣的那種威士忌」的需求不斷上升，最後變成了「那種波本威士忌」。

圖為（內壁）烘烤炙燒過的酒桶，炙燒木桶可將橡木的半纖維素分解為糖，然後把它變成焦糖，賦予波本威士忌獨特的風味。

---

03. 以波本威士忌為基底的香甜酒。

出生於密蘇里州喬普林的美國詩人、劇作家暨小說家朗斯頓‧休斯（Langston Hughes），對玉米威士忌褒揚讚頌不已，玉米威士忌是由含有至少8成的玉米糊製成的改造威士忌。他的〈痴愛－沉醉的藍調〉（Hey-Hey Blues）詩作出現在1939年的《紐約客》雜誌中：

朗斯頓‧休斯

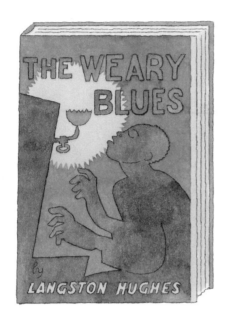

因為我對水柔情萬千，
我對啤酒也愛意無限，
水啊！我無止盡愛你！
啤酒啊！我一生摯愛！
但給我爽口的玉米威士忌吧！
我會無法自拔迷戀它──乾杯！

休斯的首部詩集，1926 年出版，當時他 24 歲。

　　為數不少的美國南方其他文學大師，也都被當地的威士忌迷得神魂顛倒！包括路易斯安那州小說家沃克‧柏西（Walker Percy），他是《熱愛電影的人》（The Moviegoer, 1961）的作者，沉迷於波本威士忌的匠心美學，尤其他還是暴飲零添加的純波本威士忌的愛好者。1975年為美國《君子雜誌》撰寫的一篇文章中，標題只有「波本威士忌」幾個字，沃克讚飲威士忌，能「讓心臟暖呼呼，減少20世紀後期的失範（Anomie，或譯無規範、迷亂）**04**、破解週三下午反應遲鈍慢半拍的魔咒！」

沃克‧柏西

04. 社會學術語，指現代化過程中，因傳統價值和傳統社會規範遭到削弱、破壞、乃至瓦解，所導致的社會成員心理上失去價值指引、價值觀瓦解的無序狀態。

威士忌桂冠詩人

美國南方人、也是揚名立萬的諾貝爾獎得主桂冠詩人威廉·福克納（William Faulkner）的名言是「文明始自蒸餾」（Civilization begins with distillation），他獨樹一格，而且可能是威士忌上癮者中最優異的文學冠軍！

威廉·福克納

福克納1897年9月25日生於密西西比州新奧爾巴尼，在牛津鎮長大，他一生大部分時間，都在鑽研他虛構的約克納帕塔波法縣（Yoknapatawpha County），他多部小說的故事線都在此發展。

福克納從1918年開始就跟酒結下不解之緣，當時他的高中戀人埃絲特爾·奧爾德姆（Estelle Oldham）嫁給別人，福克納傷心欲絕，決定一醉解千愁！他短暫搬到康乃狄克州紐哈芬投奔菲爾·斯通（Philip Stone），斯通是福克納家人的朋友，也是耶魯大學畢業生，後來成為福克納的導師，向他介紹了詹姆斯·喬伊斯、艾茲拉·龐德（Ezra Pound）和托馬斯·斯特恩斯·艾略特（T·S·艾略特）（Thomas Stearns Eliot, T. S. Eliot）的作品。

福克納在密西西比大學（暱稱為「Ole Miss」）僅就讀三個學期，英語成績是D，然後他輟學。據傳在此期間，他一天要吞一夸脫（約946毫升）的波本威士忌。7年後的1926年，他出版自己的第1本小說《士兵的報酬》（Soldier's Pay），該小說深獲好評，裡面有句感言：「除了爽快來杯威士忌之外，還有什麼東西能媲美母愛？」

雷伯上校（Colonel Reb）是密西西比大學備受爭議的吉祥物，2003年退場。

1929年，他得知埃絲特爾婚後10年離異，2個月後，福克納和她在6月裡共結連理。

下半年，他出版首部主要小說《聲音與憤怒》（The Sound and the Fury），拼圖敘事和後喬伊斯意識流表現手法，被認為閱讀難度高，但該書後來獲譽為傑作。

埃絲特爾·奧爾德姆

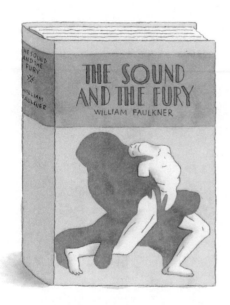

1930年，隨著福克納繼續牛飲，他第2本交口稱譽的小說《我彌留之際》（As I Lay Dying）出版。福克納在工作時樂得多飲幾杯，正如他稍後向法語翻譯莫里斯·埃德加·科恩德勞（Maurice Edgar Coindreau）解釋的：「您知道，我挑晚上寫作，一向把威士忌放在手邊，這時太多我早上不記得的點子，會突然浮現在腦海中！」

1929 年第 1 版，由喬納森·卡普與哈里森·史密斯出版社（Jonathan Cape & Harrison Smith）出版。

以一絲不苟把「工作」和「飲酒」兩件事劃清界線見稱的海明威，曾分析福克納：「我可以在某頁中間嗅出端倪，指出他是什麼時候喝了第一杯酒！」

福克納1932年出版、故事背景設在美國南方禁酒令期間的史詩長篇小說《八月之光》（Light in August），書中的中心人物之一，是私酒走私販喬·克里斯（Joe Christmas），在這段文章中，福克納滔滔不絕描述了喝威士忌的行為：「威士忌像糖蜜一樣冰冷，在他喉嚨裡往下流……然後威士忌開始在他身體裡燃燒……而他的思維也像自己的內臟一樣，正緩慢熾熱纏繞再纏繞。」

同年，為了應付帳單的事，福克納前往好萊塢兼職，擔任米高梅公司（MGM）編劇——他在好萊塢苟且偷安生活持續了好幾十年。

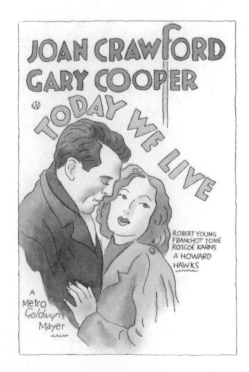

原版單張電影海報

導演霍華・霍克斯（Howard Hawks）在一次採訪中，回想起與福克納舉行過的「2夸脫威士忌」會議，他們討論了電影編劇事宜，該劇本則拍成《今天，我們還活著》（Today We Live），即1933年由賈利・古柏（Gary Cooper）和瓊・克勞馥（Joan Crawford）主演的賣座電影；其他由福克納操刀編劇的大螢幕力作包括《逃亡》（To Have and Have Not, 1944）和《夜長夢多》（The Big Sleep, 1944）。

在福克納愈來愈頻繁進軍好萊塢的期間，他必定會報到的地方是穆索與法蘭克燒烤餐廳（the Musso & Frank Grill），他在那裡會點「老祖父」波本威士忌（Old Grand-Dad bourbon）**05** 已經是廣為人知的事。

1936年，《押沙龍，押沙龍！》（Absalom, Absalom！）出版，現今普遍認為這是他最了不起的小說。1937年造訪紐約市的阿爾岡昆酒店（Algonquin Hotel）時，大醉的福克納靠著蒸汽散熱器，他的背部嚴重燒燙傷。一有人問他的作品時，他會說：「見鬼！我怎麼知道那東西是什麼意思？我是酒醉寫出那東西的啊！」

福克納1950年獲頒諾貝爾文學獎，5年後，他的小說《寓言》（A Fable）榮獲普立茲小說獎和美國國家圖書獎。那時候，他無法割捨波本威士忌的這個嗜好，就被合理化成他在「治百病」——包括「醫治」他的喉嚨痛、背痛和全身不適。

福克納鍾愛的「老祖父」波本威士忌。

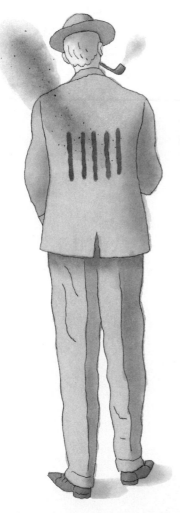

倫敦迪格比（Digby）生產的福克納煙斗。

1962年，他以小說《掠奪者》（The Reivers）二度摘下普立茲小說獎，結果卻在1個月後因心臟病歸天，享壽64歲。最合適的墓誌銘，就是他為一天工作順利而開的處方：「我做這一行需要用到的工具只有筆、紙、食物、煙草和一點威士忌！」

阿岡昆酒店燒燙傷小插曲！

---

05. 有數十年歷史的「古董」級酩帝（Michter's）波本威士忌，純飲有甘苦味。

薄荷朱利普

　　威廉·福克納肯定就愛直接灌威士忌（傑克丹尼〔Jack Daniel's〕和老烏鴉〔Old Crow〕這兩個威士忌品牌是他心中的第一名），冷熱皆宜的托迪調酒（toddy）06 更是他的隨身小物，但最能代表他的就是薄荷朱利普（Mint Julep）！

　　Julep一字源自古老的波斯語「gulab」，指有玫瑰花瓣香味的水（現今西方普遍稱為玫瑰水），仍用於食品、飲料、香水、化妝品和宗教儀式用途上。地中海的人則用當地的薄荷取代玫瑰花瓣，這種飲料最後迎向了新世界，挺進美國南方——在當地，大家把它跟波本威士忌撮合在一起。

　　自1938年以來，薄荷朱利普一直是肯塔基德比賽馬節（Kentucky Derby）07 的招牌特色，1983年時，它成為該賽馬節的官方指定飲品。每年，在為期兩天的賽事過程中，大約會供應12萬份薄荷朱利普。薄荷朱利普很合福克納的胃口，他還發明了福克納牌薄荷朱利普簡易酒譜，而且內容就顯示在他的密西西比州牛津市山楸橡樹（Rowan Oak）08 的打字記錄卡上：威士忌、1茶匙糖、冰、薄荷放在金屬杯中。更清楚的版本如下：

福克納牌薄荷朱利普作法

材料：
取薄荷小枝上的葉片4至5片，再加上小枝作裝飾
1湯匙糖
2茶匙水
碎冰
2½盎司（73.9毫升）波本威士忌

將薄荷莖上的葉子取下，放在金屬製朱利普杯或高球杯中，再輕輕搗糊。加入糖和水，然後裝滿碎冰。加進波本威士忌，並用薄荷枝裝飾。

真實的傑·蓋茨比

在禁酒令期間，喬治·雷穆斯（George Remus）是美國最惡名昭彰的威士忌酒走私販之一，眾所周知他的怪癖是慣用第三人稱來稱呼他自己，雷穆斯是美國中西部的刑事辯護律師，他搜尋了《沃爾斯泰德法》（Volstead Act）**09**，尋找漏洞，讓他能買賣貯存保稅威士忌酒（經政府許可，有醫生處方的「藥用」威士忌酒）。他發現，擁有自己的釀酒廠和從事批發業的藥品公司，他就可以合法買賣大量酒類，然後將其轉用於非法銷售。

由於經過組織的犯罪活動控制了芝加哥大部分地區，雷穆斯搬到了辛辛那提，有8成的美國保稅威士忌存放在那兒。他很快地變成暴發戶，但最終在1921年被捕並定罪。這位「私酒販之王」可能就是法蘭西斯·史考特·基·費茲傑羅打造他的小說《大亨小傳》（The Great Gatsby, 1925）主人公傑·蓋茨比（Jay Gatsby）的靈感來源，據稱，費茲傑羅在路易斯維爾的某家旅館偶遇他，並對他富有傳奇色彩的人生著迷。

喬治·雷穆斯

---

06. 在愛爾蘭也稱為熱威士忌，含蜂蜜成分，是歐美人士在感冒期間的舒緩小偏方。

07. 每年5月第1個週六於美國肯塔基州路易斯維爾舉行的賽馬比賽。

08. 福克納的故居，現已列入美國的國家歷史名勝。

09. 即全國禁酒法（National Prohibition Act），是建立美國禁酒令的第18修正案（1919年1月批准）的細節。

威士忌酸酒

　　1925年在法國，尚未寫他第一本小說的新人作家海明威，遇到大他3歲的著名文學明星法蘭西斯·史考特·基·費茲傑羅。海明威在他的巴黎回憶錄《流動的饗宴》（A Moveable Feast, 1964）裡花了一整段情節大談特談威士忌酸酒（Whiskey Sour）——在書中，身體不適的費茲傑羅堅信自己感染「肺充血」或肺炎，海明威為之氣結，試圖讓他平靜下來：「『給我聽好，史考特』我堅持：『你好得很！如果你想做什麼萬全準備以免感冒，那你就臥床休息，我會幫我們倆各點一杯檸檬水和威士忌。』」

　　他把服務生叫來，並點了兩杯榨檸檬汁（citron pressés）和兩杯雙份威士忌。費茲傑羅很快就感覺好多了！他們繼續斟了兩巡酒，然後費茲傑羅醉昏，被丟上床睡覺。

　　拒甜飲料於千里之外的海明威，在他的酒譜中，省去了通常在調酒材料裡會出現的甜味劑（可以抵消檸檬的苦味）。

傳統威士忌酸酒作法

材料：
2盎司（約59毫升）威士忌（波本威士忌）
⅔盎司（約19.7毫升）現榨檸檬汁
1茶匙超細（白）糖（或¾盎司〔22.2毫升〕單糖漿）
1個蛋白（可加可不加）
碎冰
馬拉斯奇諾櫻桃（Maraschino cherry）
或檸檬角作裝飾

將威士忌、果汁、糖和蛋白（如果使用）跟碎冰一起充分搖勻，用力搖好後濾掉冰塊倒入冰鎮調酒杯中。用馬拉斯奇諾櫻桃或檸檬角裝飾。

冷硬派又喝得醉倒了

《馬爾他之鷹》

雷蒙・錢德勒（Raymond Chandler）和達許・漢密特（Dashiell Hammett）是所謂的傳統冷硬派（hard-boiled）偵探小說教父，兩人都是威士忌之友。錢德勒的原型人物菲力普・馬羅（Philip Marlowe）是私人偵探，他很多故事裡都有這號人物，這位偵探總是在辦公室裡放一瓶歐佛斯特（Old Forester）。錢德勒曾提到：「沒有不好的威士忌，只有比不上其他威士忌的威士忌！」漢密特最著名的偵探角色山姆・史培德（Sam Spade）也是威士忌狂人，在《馬爾他之鷹》（Maltese Falcon, 1930）中，他啜飲的杯中酒是曼哈頓調酒（Manhattan cocktail）（威士忌、甜香艾酒〔sweet vermouth〕和苦精〔bitters〕製成）。漢密特的第5本、也是最後一部偵探小說《瘦子》（The Thin Man, 1934）在廢除禁酒令後僅幾個月就出版了，就等解禁這天要大喝一番的威士忌同好膜拜這本他們心中的神作，而且整本小說從頭到尾都飄著蘇格蘭威士忌酒香。

30年來，美國劇作家、編劇暨辯論家麗蓮・海爾曼（Lillian Hellman）與漢密特一直分分合合、藕斷絲連。憑藉她1930年代創作的兩部戲劇作品大放異彩——《雙姝怨》（The Children's Hour, 1934）和《小狐狸》（The Little Foxes, 1939），海爾曼成為第1位進入美國劇作家純男性專屬俱樂部的女性。

麗蓮・海爾曼

陶樂絲・派克

而且，她不像濫用酒精的人那樣無精打采——她愛嚐的酒品是酒杯裡無添加的純蘇格蘭威士忌。威士忌通常被認為是男人的飲料，但海爾曼卻是幾位家喻戶曉的特例之一，就像她的老朋友陶樂絲・派克（Dorothy Parker）一樣——派克心血來潮試了干型馬丁尼和香檳後，她就決定除了品味蘇格蘭威士忌，其餘免談！

穿藍色牛仔褲的潘朵拉

　　1950年代中期，來自新罕布夏州（New Hampshire）一位大家叫不出她的名字、而且被酒迷得團團轉的家庭主婦偏愛威士忌，她的處女作小說震驚了美國民眾，這部小說大賣特賣，並且是20世紀最具爭議的小說之一，還翻拍成一部電影和一部長期播放的電視肥皂劇，它就是格蕾絲·梅塔李西（Grace Metalious）的小說《冷暖人間》（Peyton Place），梅塔莉西一夜致富成名，並在不知不覺中變成女權主義開路先鋒，鼓舞了正在艾森豪時代（Eisenhower era）**10** 限制性社會規範下掙扎的全美國女性。

　　梅塔李西1924年9月8日在新罕布夏州曼徹斯特磨坊鎮的貧窮家庭中出生，原名為瑪麗·格蕾絲·德雷彭蒂尼（Marie Grace De Repentigny），梅塔李西有法裔加拿大血統，她在梅里馬克河附近搖搖欲墜的小屋中長大，那條河一直流向南部，穿過麻薩諸塞州洛厄爾，也是法裔加拿大移民傑克·凱魯亞克（Jack Kerouac）的故鄉。

格蕾絲·梅塔李西

梅塔李西的父母在她11歲時就分開了，文字則是她躲避破碎問題家庭的避風港。18歲時，儘管夢想自己的人生會有所不同，但她還是嫁給了她的高中男友喬治·梅塔李西（George Metalious），理所當然扮演起家庭主婦和準媽媽的角色。

梅塔李西夫妻後來定居在新罕布夏州吉爾曼頓（Gilmanton），喬治在此地獲得校長一職，他們最後生了3個孩子。梅塔李亞認真專注於寫作上，在逃避家務的同時，她每天寫作時間通常高達14個小時。

她寫作的地方總是一塵不染，但家裡的其他空間則與豬圈無異，孩子大多時候都被她放牛吃草。

梅塔李西的行事作風，跟嫻雅端莊的新英格蘭家庭主婦形成鮮明的對比：她香煙、威士忌樣樣來，滿口粗話，一身寬鬆的法蘭絨襯衫和牛仔褲裝扮，這一切都讓她的鄰居滿腹狐疑、賞她衛生眼，她只能靠酒精來甩脫自己的孤寂感。她日夜思念的是附近拉科尼亞（Laconia）鎮的小酒館（《冷暖人間》的雛型），在那裡痛飲帶有薑汁汽水和長條狀檸檬皮的加拿大俱樂部威士忌。

---

10. 德懷特·大衛·艾森豪（Dwight David Eisenhower），1953至1961年出任美國第34任總統。他上任後加強政府雇員的忠誠審查制度，並減少了被解職人員的申訴渠道，一旦某人因審查沒有通過而失業，將很難找到另一份工作。

1955年春天時，梅塔李西的手寫初稿出爐，書名為《樹與花》（Tree and the Blossom），但由於內容淫穢，被所有大型出版商打回票，它最終被送到了朱利安‧梅斯納出版社（Julian Messner,Inc.）總裁凱蒂‧梅斯納（Kitty Messner）的辦公桌。梅斯納愛上這本書的一切，除了書名；她希望把它改成設定為小說背景的該鎮名——Peyton Place（英語書名直譯為「佩頓廣場」）。

朱利安‧梅斯納出版社發行的 1956
年初版作品。

梅塔李西在32歲那年出書，1956年該小說出版，立刻引起轟動，她一夕成名！這部歷史記事記載了在一座看似名勝之地的新英格蘭小鎮上，其平靜外表下潛藏的黑暗祕密和險惡的陰謀詭計，它對性、強姦、公共場所飲酒及酒醉、謀殺、亂倫、墮胎和自殺的聳人聽聞描寫，危害了像諾曼‧洛克威爾（Norman Rockwell）**11** 那樣的1950年代新英格蘭形象。

針對它的批判評論多半是負面的，但有個例外引人注目，《紐約時報》書評讚揚《冷暖人間》堅守立場，「反對據稱是名勝之地的社區，其虛假的表象和資產階級的裝模作樣」。飽受爆紅盛名之累的梅塔李西，開始整天捧著成堆未經過濾的百樂門（Parliaments）香菸狂抽、並浮沉酒醺。

格蕾絲‧梅塔李西的 1951 年
白色凱迪拉克敞篷車。

---

11. 美國20世紀早期的重要畫家及插畫家，平生一直被藝術批評家詬病他大部分作品都過份甜美、理想主義，迴避當時社會中尖銳嚴肅的主題。

對吉爾曼頓的居民來說，這本小說擺明擊中了他們的要害、讓他們難看！ 梅塔李西面臨誹謗訴訟的威脅、她的孩子被騷擾、喬治丟了飯碗、她的婚姻很快在壓力下破局。這本造孽的書遭到假正經的政客譴責、在布道壇上被聲討；梅塔李西則為自己辯護：「談成年人而不論他們的性慾，就像談論沒有玻璃的窗戶一樣！」

梅塔李西短暫生命最後的7年，都耗在一擲千金、揮霍無度、在好萊塢開趴踢、花邊新聞不斷以及跟威士忌糾纏不清上。敗光了大部分的錢之後，梅塔李西又繼續搜索枯腸、再硬湊出3本小說，然後死於肝硬化，享年39歲。醫生認為她每天至少狂飲了750毫升的威士忌，直到她生命盡頭。

《冷暖人間》盤踞《紐約時報》暢銷書排行榜59週不墜，使它成為20世紀最暢銷的小說，勝過瑪格麗特・米契爾（Margaret Mitchell）的《飄》（Gone with the Wind, 1936）。

加拿大俱樂部威士忌

蘇格蘭威士忌對抗波本威士忌：洋基（Yankee） 的威士忌權威

美國作家、冒險家和脾氣暴躁的幽默作家塞姆·朗赫恩·克萊門斯（Samuel Langhorne Clemens），他更為人知的名字是他的筆名馬克·吐溫（Mark Twain），他是他的家鄉烈酒——美國波本威士忌的擁護者（他最滿意老烏鴉品牌），直到他發現了蘇格蘭威士忌這個新歡。

馬克·吐溫

1873年，他穿越大西洋前往英國，這期間有人介紹他品嚐蘇格蘭威士忌和檸檬汁調酒，對這款調酒非常入迷的他，從倫敦朗廷酒店（Langham Hotel）寫信回家給妻子麗薇（Livy）：「麗薇我的寶貝，我要請妳確定並記得在我到家時，妳要在浴室裡擺一瓶蘇格蘭威士忌、一顆檸檬、一些糖粉和一瓶安哥斯圖娜苦酒（Angostura bitters）。」

大家都愛戴他、而且寫了《湯姆歷險記》（1876）的馬克·吐溫，開始純飲蘇格蘭威士忌，還搭配煙斗或雪茄一起品味，他形容這是「我所有釀造飲料中的寵兒」！

與天生好酒編劇家、有波本威士忌魂的作家及荒誕新聞祖師爺一起暴飲威士忌

多產劇作家尤金·歐尼爾（Eugene O'Neill）就是證明一手寫作、一手飲酒可以提升產能（儘管不一定要同時進行）的案例！歐尼爾是神選中的「美國版莎士比亞」！威士忌之於他、就像水之於魚一樣，他也在寫作職業生涯的第1個10年中創作了16部新劇本。這一路走來，他當選了《時代》雜誌（Time）封面人物，並獲得了1座諾貝爾文學獎和3座美國普立茲詩歌獎。

尤金·奧尼爾1928年2月13日登上《時代》雜誌封面。

---

12. 歷史上指美國北部新英格蘭地區英籍移民（尤指於17世紀移居者）之後裔。

他寫下了自己很清楚的事——在他的作品中，充斥著喝到血管裡流的都是酒精的卑微下等人，《送冰的人來了》（Iceman Cometh, 1939）裡的人物吉米（Jimmy，他是大喝威士忌的第2個歐尼爾）承認：「我從小就發現，活在把酒列為拒絕往來戶的世界裡，會讓我有恐懼感。」

　　尋釁好戰的小說家諾曼·梅勒（Norman Mailer）在被問到有關酒精的話題時無話可說，不過他根深蒂固、靠酒精麻醉自己的事卻是人盡皆知。他都選波本威士忌，完全不碰蘇格蘭威士忌：「我是美國作家，我喝波本威士忌，它是美國酒……那就是文人雅客和成不了大器的作家的區別——這種人知道蘇格蘭威士忌和波本威士忌是有差的！」

諾曼·梅勒

亨特·斯托克頓·
湯普森

　　對荒誕新聞記者（gonzo journalist）**13**暨《賭城風情畫》（Fear and Loathing in Las Vegas, 1972）作者——亨特·斯托克頓·湯普森（Hunter S. Thompson）來說，麻痺神經是一種生活方式：濫飲、大麻、麥角酸二乙醯胺（LSD）、亞硝酸酯類（amyl nitrite）、古柯鹼、醚和麥司卡林（mescaline）都能讓他達成目的；但就像馬克·吐溫一樣，他對波本威士忌和蘇格蘭威士忌都深感興趣。他著書立說時，就酌野火雞波本威士忌（Wild Turkey），閱讀早報時，就佐皇家芝華士蘇格蘭威士忌（Chivas Regal scotch），他把盛在平底玻璃酒杯，並加入方形冰塊的芝華士喚作「甜筒剉冰」（snow cone）。湯普森建議瘋跑趴但缺經驗的新手：「要睡到很晚、玩得開心、狂野奔放、喝威士忌，在空蕩蕩的街上開快車，除了墜入愛河和別被逮捕之外，什麼也別想……事實本身說明一切（Res ipsa loquitur）。讓歡樂時光持續不停歇！」

---

13. 指有高度個人風格的報導方式，由湯普森本人發起。

地表上最複雜的烈酒

　　在整個有資料記錄的歷史中，威士忌一直是烈性酒的關鍵核心，不受酒款潮流瞬息萬變所影響。對偏愛純淨無添加酒類的愛酒人士而言，伏特加和琴酒這些清澈透明的烈酒，根本無法與優質威士忌五光十色、絢麗奪目的口感、香氣、尾韻突襲鼻子和舌頭的滿足感相抗衡。不同於威士忌，伏特加和琴酒沒有年數的分別，而桶陳年數是讓嗅覺和味蕾都臻於完美境界的必要前提。

　　當今可以買到的威士忌產品品質和廣度令人眼花撩亂，傳統的威士忌生產國不再擁有「全世界上最好的」獨家尊稱。很難想像羅伯特・伯恩斯會飲用現代日本單一麥芽威士忌製品，而這類麥芽威士忌在盲測時，一向能擊退蘇格蘭威士忌。

　　喬治・蕭伯納（George Bernard Shaw）事實上並不太嗜酒，連他都會認為「威士忌是液體的陽光」，用他這句話來總結「威士忌人見人愛」真是再貼切不過了！

GIN

第四章 琴酒

杜松子

一杯馬丁尼還可以，兩杯會太多，三杯就不夠！

——詹姆斯‧瑟伯（James Thurber），1960年《時代》雜誌

琴酒說不定比威士忌以外的任何蒸餾烈酒能激發出更多文學靈感，但過去它並未擁有今天一直受人尊敬的文明烈酒形象，18世紀喬治英國時期 **01** 的社會評論家將它視為社會的瘟疫，是當時的霹靂古柯鹼（crack cocaine） **02** 。19世紀初，調酒（cocktail）或「調酒」（mixed drink）在倫敦出現後，琴酒才枯木逢春。

在美國，禁酒令令人詫異的是它反倒讓「咆哮的二十年代」（Roaring Twenties） **03** 風生水起——那是指第一次世界大戰後，美國社會沉浸在飛來波女郎（flapper）、爵士樂和裝飾藝術（art deco）滿天飛的時代。這是迷人的十年，寫作人生與飲酒生活強烈融為一體，開創了男女文學家飆酒創作的黃金時代，琴酒也成為其中影響力深遠的一環。

荷蘭的勇氣

琴酒獨特的松樹香味和風味來自歐刺柏（Juniperus communis），歐刺柏又稱杜松子。

74

琴酒坎坷的身世可追溯到16世紀的低地國家：比利時和荷蘭。荷蘭杜松子烈酒（genever）是現代琴酒的祖先，它最初因為具有藥物功效而在藥局販售，用於治療多種疾病，包括痛風和膽結石。

在三十年戰爭（Thirty Years' War, 1618-1648）中，出征的英軍拿荷蘭琴酒來禦寒暖身、並在戰鬥前安撫神經，這些軍人稱它為「荷蘭的勇氣」。

荷蘭共和國（Dutch Republic）統治者奧倫治的威廉三世（William of Orange）自1689年登基英國王位以來，就在英國大力推廣琴酒。在他統治期間，他抵制進口白蘭地——來自宿敵法國的當紅加烈葡萄酒。因此制約一開，讓荷蘭蒸餾酒商聞風而動，他們用最快速度生產荷蘭琴酒，裝滿了一艘艘的船運到英國。

17世紀的瘟疫醫生戴著鳥嘴面具（即冒牌醫生被稱為quack 的由來）——它裡面裝滿碎杜松子，據說可以保護醫生不會染上傳染病。

---

01. 指大不列顛王國漢諾威王朝（Haus Hannover）1714到1837年的一段時期，期間有四位名為喬治的國王，即喬治一世、喬治二世、喬治三世和喬治四世。

02. 又稱快客古柯鹼，是古柯鹼中效用最強也是最危險的毒品，這較一般的古柯鹼猛烈、強勁。

03. 1918年一次大戰結束，美國進入經濟高速發展時期，被稱為「咆哮的二十年代」。

琴酒倫敦大流行

　　琴酒生產成本低廉，比倫敦帶著病原體的水飲用起來更安全，18世紀初期，即所謂的琴酒熱時期，琴酒在英國風行一時，一度造成每四間房舍裡，就有一間是琴酒蒸餾商。

　　為了遏制消費，英國政府從實施1736年琴酒法案開始，進行一系列改革，導致發生街頭暴動，並致使信譽良好的賣家倒閉。私酒走私販猖獗，在琴酒品質上動手腳，大賺不義之財（有時用松節油而非杜松調味）。酒名甚至百般討好，好比取為「淑女樂開懷」（Ladies's Delight）和「給戴綠帽寬慰」（Cuckold's Comfort）。

琴酒成為窮人的新寵兒，更讓它的黑歷史雪上加霜。威廉・賀加斯（William Hogarth）轟動的諷刺版畫作品《金酒小巷》（Gin Lane, 1751）**04** 刻畫琴酒戕害下層階級身心，被稱為「母親的墮落」，引發民眾強烈抗議與進一步改革。

18世紀末，調酒在倫敦亮相，之後也為琴酒贏回往日風光。1823年後，螺旋熱琴酒（hot gin twist：熱水加琴酒，再放進糖和檸檬汁）成為倫敦最時興的喝法。

查爾斯・狄更斯飲酒有度，他的酒窖裡有白蘭地、蘭姆酒、威士忌、葡萄酒和琴酒。他的曾孫西追・狄更斯（Cedric Dickens）在他寫的《與狄更斯一起喝酒》（Drinking with Dickens, 1998）中爆料曾祖父「投入在傍晚調製一杯琴酒／潘趣酒

老湯姆琴酒（Old Tom）是 19 世紀熱賣的琴酒型態，口味介於早期甜美的荷蘭杜松子烈酒和後來的倫敦干型琴酒（London dry）之間。

（Gin Punch）的儀式，那是他用米考伯先生（Mr. Micawber）全部的精力和鑑賞力去打造的」。 米考伯先生正是《塊肉餘生錄》（David Copperfield, 1850）裡的品嚐琴酒／潘趣酒的經典人物。

---

04. 畫中人物瘠瘦、懶惰並漫不經心。畫面前方的女子將她的孩子摔死，以便將孩子的衣服賣了換琴酒。

神聖珍貴的琴通寧

　　1800年代，琴酒和通寧水（tonic water）成為英國東印度公司軍隊極愛的飲料，進駐印度的軍隊被督促每天都得攝取奎寧（quinine）（從金雞納樹〔cinchona tree〕皮磨下來的粉末）預防瘧疾，為了消除奎寧粉的苦味，軍官開始將這種物質溶在糖、蘇打水和萊姆的混合物中，可想而知這種混合酒遲早就會跟軍人每天都要飲用的琴酒搭在一起，而琴通寧就這樣誕生了。

奇怪的是，直到1922年佩勒姆・格倫維爾・伍德豪斯爵士（P. G. Wodehouse）出版《百分之百沒錯，吉福斯！》（Right Ho，Jeeves），小說界似乎才出現了「琴通寧」這個具體名詞。

直到今天，琴通寧仍然是琴酒調酒準則的基礎。英國當代小說家勞倫斯・奧斯本（Lawrence Osborne）在他以酒和伊斯蘭教為題且詞鋒犀利的遊記《濕與乾》（The Wet and the Dry, 2013）中描寫了琴通寧：「這種酒出場時，伴著洗過的冰塊 **05**，迎面飄香襲來像溫暖的青草味，令我回歸逍遙自得，它就跟液態的冷鋼（cold steel） **06** 刀一樣。」

吉福斯

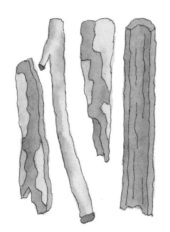

金雞納樹皮，它是奎寧的來源。

美國作家約翰・齊弗（John Cheever）是「郊區的契訶夫 **07**」，他也有說不完的琴通寧經，他稱吉彼斯（Gilbey's）牌琴酒為「母乳」，齊弗撰述一部自我反省的短篇小說，刊登在1953年的《紐約客》雜誌上，題為「琴酒的悲傷」，講述了某個受到父母開趴暴飲影響的小女孩。

---

05. 在放入冰塊的杯中加飲用水蓋過冰塊，攪拌數次再蓋住杯口，把水濾掉，讓洗過的冰塊去稜角，使冰塊融化速度稍慢，並可去掉冰塊上白白的雜質（也就是冰塊帶著冷凍庫氣味的地方），以免影響調酒口感。

06. 美國品牌刀子，宣傳訴求為堅實又高功能。

07. 安東・契訶夫（Anton Chekhov）為19世紀俄國知名小說家。

約翰・齊弗的「母乳」。

喝醉了的圖書館長

　　誰是對琴通寧最熱衷的文壇人士？答案莫過於出身英國科芬特里（Coventry）的戴眼鏡英國詩人菲利普・拉金（Philip Larkin）。2001年，拉金交往甚久的紅顏知己莫妮卡・瓊斯（Monica Jones）亡故，留下拉金（1985年逝世）給她的約1,400封信，這些由安東尼・思韋茨（Anthony Thwaite）匯集和編輯並題為《給莫妮卡的信》（Letters to Monica）的文章於2010年出版，除了讓人一瞥一位以高深莫測聞名的作家其內心世界之外，它們還證實了他對琴通寧的熱愛。

　　拉金是典型愛挑剔且壓抑的英國人，他像遁世一般的生活方式有案可稽。自稱憤世嫉俗的他曾表示：「剝奪（deprivation）對我而言，就像黃水仙之於威廉・華茲渥斯（Wordsworth）！」他形容自己是「用豬油雕塑而成的蛋，還戴上護目鏡。」

菲利普・拉金

　　拉金1940年代初就讀於牛津大學，他在那裡和金斯利・艾米斯成了朋友，這兩個人因共同的中產階級背景、對爵士樂狂熱、厭惡英國現代主義作家和同樣嗜酒如命而結為好友，他們發明了名為「馬兒尿尿」（horsepissing）的遊戲，規則是用淫穢的文字代替著名文學作品中的關鍵詞，他們就這樣無止境自娛取樂。

08. 書中主人公吉姆・迪克遜（Jim Dixon）的「女友」瑪格麗特・皮爾（Margaret Peel），原型可能是莫妮卡・瓊斯。

1954年艾米斯的小說《幸運兒吉姆》（Lucky Jim）出版後，他們的友誼出現了裂痕——儘管這本書是獻給拉金的，但其中有些地方一目了然提及了艾米斯與莫妮卡·瓊斯的關係 08，讓拉金耿耿於懷。

金斯利·艾米斯

拉金與女性有好惡參半的關係已經是人所共知、臭名在外，他則堅信自己對兩性親密關係的厭惡，和他進行文字創作是互為因果的，他曾在日記裡留言：「性美好到無法與他人共享！」儘管如此，有一度他還是想辦法周旋在包括瓊斯在內的三位不同女性中。雖然多年來他偶爾會拈花惹草，但瓊斯還是對他死心塌地。

莫妮卡·瓊斯

拉金1946年在萊斯特大學（University of Leicester）初遇瓊斯，當時他們倆都是24歲，他是助理圖書館長，她則是英語系講師。他們倆除了都喜歡追求知識之外，瓊斯對琴通寧的熱情也與拉金的熱忱不相上下——在家裡，她都把它們裝在小型玻璃魚缸大小的酒杯裡品嚐。

拉金獲任命為貝爾法斯特女王大學（Queen's University of Belfast）圖書館分館的館長後，1950年移居愛爾蘭，這表示他們倆要開始通信來往，那時他們已經成為戀人，他們的戀情持續四十多年，直到拉金過世。

拉金每每在信中稱莫妮卡為「我的親親小兔兔」，用意是向碧雅翠絲‧波特（Beatrix Potter）的小兔子致敬 **09**。他們倆都鍾愛這位作家。整封信裡處處散見鋪陳琴酒和飲酒：

星期五我「喝到醉了」——
這種說法搞不好太誇張了，我要講的是晚飯前我嚐了兩瓶琴酒，不是一瓶呢！

我可以感覺到自己的內心正在挖掘多年來所受的侮辱，並因為它們而感到憤怒。只有喝一杯才能讓自己從這束縛中解放，我不是那種醉了還會生氣的人。

《給莫妮卡的信》第一版，由費伯與費伯出版社（Faber & Faber）2010年於倫敦出版。

上帝啊！得了花粉症又找酒。仍然不能徹底品嚐琴酒，但肯定會酒醉。妳覺得這些詩怎麼樣？我喜歡它們呈現的醉態，但更喜歡《後代》（Posterity）**10** 裡的清醒。

莫妮卡送給拉金的柳條編製兔

在他看來，他幹的活兒好似毫無意義，而對存在表達了焦慮：

早晨、中午和該死的夜晚，每週見鬼的工作7天，我像奴隸一樣拼命做骯髒的工作，這大概是任何會一本接一本書閱讀沒有間斷，長時間下來變得有點精神失常的怪胎會幹的事。這會一直持續到我翹辮子：他媽的！算了吧！他媽的！算了吧！

在晚年生活中，從赫爾大學（Hull University）圖書館下班回到家後，他就會馬上開始喝酒。他飲酒、聽心愛的爵士唱片，享受孤獨的夜晚。在為《每日電訊報》（Daily Telegraph）撰寫的唱片評論彙編《透析爵士樂》（All What Jazz, 1985）第二版的注腳中，他提到：「聽一小時的新爵士唱片並飲用一品脫（約473毫升）琴通寧，是我所知工作一整天後最療癒的方法！」

拉金心中的爵士樂天王是咆哮爵士樂（bop）之前的爵士樂偶像，比方路易·阿姆斯特（Louis Armstrong）、艾靈頓公爵（Duke Ellington）和席尼·畢雪（Sidney Bechet）。

實際上，在他的詩《白大調的同情》（Sympathy in White Major, 1974）中，他在詩句裡寫下了調製完美琴通寧的作法：

我在玻璃杯中投進四塊冰，發出的碰撞聲和諧悅耳，然後加入3杯琴酒、1片檸檬，再倒入10盎司（約296毫升）的通寧水，變成起泡大口吞下的飲品，直到它們覆上濃密泡沫為止。其他一切都讓我微帶醉意…………

拉金一直擔心自己會像父親一樣在63歲時辭世，他確實如此。在致葬禮悼辭時，金斯利·艾米斯歸納他是個強調個人的人：「他發現宇宙是荒涼不友善的地方，並清楚理解人生中令人不快的現實，首先是時間對我們所有和現在的可怕影響。」

---

09. 指碧雅翠絲·波特創作的《小兔彼得的故事》（The Tale of Peter Rabbit）的經典兒童繪本，1902年出版。

10. 拉金的詩，收錄在詩集《高窗》（High Windows）。

燃燒咆哮的二十年代的調酒燃料

　　美國禁酒令（1920至1933年）使琴酒生產轉入地下生產。琴酒容易製作，跟威士忌不同，琴酒可隨時製成並立即飲用，因此私酒走私販見獵心喜，它成為了非法飲酒場所（稱為地下酒吧）最常提供的酒。

　　對琴酒的需求增加，催生了「浴缸琴酒」這種產物，它是在私人住宅中生產的，供人在隱蔽的密室以及地下酒吧中飲用。琴酒需要水，用於浸泡原料的大壼罐太大，無法裝在水槽水龍頭下，因此使用了浴缸水龍頭。🔢

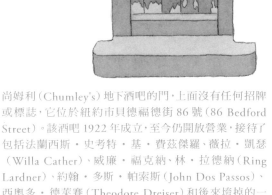

尚姆利（Chumley's）地下酒吧的門，上面沒有任何招牌或標誌，它位於紐約市貝德福德街 86 號（86 Bedford Street）。該酒吧 1922 年成立，至今仍開放營業，接待了包括法蘭西斯・史考特・基・費茲傑羅、薇拉・凱瑟（Willa Cather）、威廉・福克納、林・拉德納（Ring Lardner）、約翰・多斯・帕索斯（John Dos Passos）、西奧多・德萊賽（Theodore Dreiser）和後來垮掉的一代（Beat Generation）🔢 在內的文壇人士。

約翰・海爾德二世（John Held Jr.）1926年 2 月 18 日操刀的《生活》雜誌封面和插畫設計作品。

　　不肖業者找上市面上普遍的有毒工業用酒精，例如甲醇（用於燃料、上光劑和潤滑劑）來替代乙醇（它是所有烈酒中的酒精，並對形成酒的風味和促使酒體豐滿、濃厚有重要作用），導致浴缸琴酒的名聲受到質疑：在禁酒令期間，有1萬人死於飲用琴酒和其他有毒烈酒。

11.　也有另一種說法，是在浴缸中以高濃度烈酒浸泡香料與藥材，生產簡易廉價的風味烈酒。

12.　或稱疲憊的一代，是二次世界大戰後美國一群作家開啟的文學運動，意在探索和影響二戰後的美國文化和政治，他們在1950年代發表大量作品並廣為人傳。

13.　1818年在紐約麥迪遜大道創立，是美國「總統御用」經典老字號服裝品牌。

在1910和20年代，布朗克斯調酒（Bronx cocktail）是暢銷的飲料，由琴酒、甜和干型香艾酒及柳橙汁製成，它與同樣盛行一時、以黑麥威士忌為基酒的曼哈頓調酒幾乎是一模一樣的飲料。根據社會學家、歷史學家、民權活動家暨作家W. E. B.·杜波依斯（William Edward Burghardt "W. E. B." Du Bois）的說法，知道這兩種飲料的差別，即可顯示出當事人在飲酒方面的博學多聞和其社會經濟地位。杜波依斯在他1940年的自傳著作《黎明前的黑暗》（Dusk of Dawn）中，描寫一位穿著「布克兄弟」（Brooks Brothers）13 衣服的白人部長，他「熱衷打高爾夫球，抽罕見的香菸，還分得出曼哈頓與布朗克斯調酒的區別。」

最早的格林威治村波希米亞人

熱愛琴酒的美國詩人麥克斯韋·博登海姆（Maxwell Bodenheim）可能是琴酒滲入爵士時代 14 的第一批受害者。1915年他到達紐約，迅速闖下一片江山，在詩歌雜誌上跟艾茲拉·龐德和埃德加·李·馬斯特斯（Edgar Lee Masters）並駕齊驅發表創作。他不久就因放蕩不羈、性好漁色而名聞天下，他的友人本·赫克特（Ben Hecht）寫過：麥克斯「比我聽過或讀過作品的任何詩人更常被人踢下樓梯。」

在一出道就初露鋒芒，令人刮目相看之後，他經歷了一段驟然落魄的日子。在他生命的盡頭，他在自己樂不思蜀的麥克道格街（MacDougal Street）聖雷莫咖啡廳（San Remo Café）雅座上花了幾個小時，兜售自己的詩來換錢買琴酒。

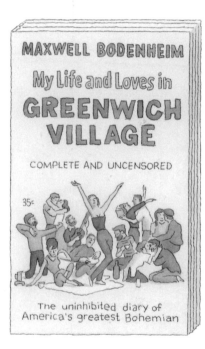

平裝版 1961 年由貝爾蒙特出版社（Belmont）發行。

麥克斯韋·博登海姆

他的最後一本、也是他去世後出版的書《我在格林威治村的生活與愛》（My Life and Loves in Greenwich Village, 1954）是一部代人捉刀的著作，由他酒後暈沉沉、漫無邊際的雜文拼湊而成。

---

14. 1920和30年代時期，爵士樂與舞蹈大行其道。當時是美國禁酒令時期，違法地下酒吧因應而生，變成「爵士時代」的熱鬧場所，表演流行音樂，並提供技術與製程都不講究的浴缸琴酒。

爛醉的爵士時代奇才

法蘭西斯・史考特・基・費茲傑羅盡了一己之力渲染琴酒，這位赫赫有名的美國作家，與他的飛來波形象時髦的妻子薩爾達（Zelda），他們反映爵士時代的精神，也是飲琴酒無節制社會的縮影。多年拼命灌酒，最終讓他44歲就英年早逝。

費茲傑羅1916年從普林斯頓大學（Princeton）畢業時，飲酒無度已經深入了他的生活。1920年，他出版了空前成功的首部小說《塵世樂園》（This Side of Paradise），此後不久，因他在調酒趴的醉酒莽漢行徑而聲名狼藉，並以扔煙灰缸和傲慢無禮盡人皆知。

海明威後來在《流動的饗宴》中稱他就是羽量級宴飲，書中記錄著：「很難接受他被封為醉漢，因為他是被超少量的酒精影響的。」

法蘭西斯・史考特・基・費茲傑羅

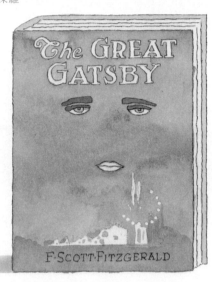

琴瑞奇（Gin rickey）的原料有琴酒、冰、蘇打水和半個榨好的萊姆，是19世紀末至20世紀初蔚為風尚的琴酒飲料，也是費茲傑羅深愛的。在《大亨小傳》某個場景中，這款調酒在炙熱的某一天於酒店房間登場：

湯姆（Tom）回來，面前放了4杯琴瑞奇，杯裡裝滿冰叮噹作響。蓋茨比端起他的酒，「它們看上去確實很酷，」他開口，還帶著看得見的緊張：「我們好久都在把酒斟酌。」

初版 1925 年由斯克里布納之子公司（Scribner）出版社出版。費茲傑羅受他在長島參加的奢華派對所啟發，1923 年開始策劃這部小說。

《大亨小傳》1925年首次發行時，被認為是失敗之作，評語毀譽參半，才售出2萬多本。儘管它在費茲傑羅有生之年並不暢銷，但今天它已成為美國最受人喜愛的小說之一，並且每年持續銷售逾五十萬本。

然而，不少與費茲傑羅同時代的人都將其視為不折不扣的名作。托馬斯・斯特恩斯・艾略特在給費茲傑羅的一封信中提到：「在我看來，這是自亨利・詹姆斯（Henry James）以來，美國小說邁出的第一步！」

薩爾達・費茲傑羅

費茲傑羅最喜愛的琴酒據說是高登琴酒（Gordon），他認為酒精對他的創作過程有所助益，他記述著：「喝酒會讓我益發有感覺！酒會激起我的情緒，並把它編織成一個故事……我酒意全消時寫的故事很愚蠢！」

但是多年恣情縱欲累積的影響，終於敲響了警鐘，1933至1937年之間，費茲傑羅因酗酒而住院了8次。

經歷了一連串寫作生涯挫敗後，費茲傑羅1937年移居洛杉磯，擔任電影製片廠米高梅（MGM）的編劇。此時，他需要賺錢養家，照顧在療養院治療的薩爾達以及在瓦薩學院（Vassar）就讀的女兒斯科蒂（Scottie）。費茲傑羅在洛杉磯的祕書兼助理法蘭西斯·克羅爾·瑞恩（Frances Kroll Ring）在她的回憶錄中，描述了她把空琴酒瓶塞進粗麻布馬鈴薯袋子裡，然後將它們丟棄在灌木叢生的深谷裡。

20 世紀初的高登琴酒標籤。

費茲傑羅1940年12月21日在他情婦的好萊塢公寓內，因心臟病溘逝。1941年，他未完成的小說《最後的大亨》（The Last Tycoon）在他長眠後出版。

百搭的琴酒

琴酒與威士忌或龍舌蘭不同，鮮少純飲。大多數對琴酒意猶未盡的文學家，都喜歡用它極具代表性的調酒改造版來品味它，比方前述拉金調配的琴通寧，或以瓊·蒂蒂安（Joan Didion）來說，她兌了熱水。瓊·蒂蒂安在《向伯利恆跋涉》（Slouching Towards Bethlehem, 1968）的前言中，描述了解決她在寫作遇到瓶頸時的這款左右手：「我喝琴酒加熱水來減緩絞盡腦汁的痛苦，並靠迪西卷（Dexedrine）**15**沖淡這種琴酒。」

瓊·蒂蒂安

雷蒙·錢德勒為琴蕾（Gimlet）**16**準備了一件東西，在《漫長的告別》（The Long Goodbye, 1953）小說中，他描述自己優先選擇的調酒製作方法，酒譜就在偵探菲力普·馬羅重述他與泰瑞·倫諾克斯（Terry Lennox）在酒吧的對話情節：

我們坐在維克多（Victor's）酒吧的一角，啜飲琴蕾。他感慨：「他們這裡對調琴蕾不得要領啊！」「他們所謂的琴蕾就是琴酒加一些萊姆或檸檬汁，還有少許糖跟苦精；但真正的琴蕾是一半琴酒加一半玫瑰牌萊姆汁，就這樣而已，遠勝馬丁尼！」

---

15. 一種興奮藥物，可能會讓人上癮和出現包括過度緊張和沮喪等副作用。

16. 琴蕾是少數指定用玫瑰牌萊姆汁（Rose's lime juice）的調酒，1870年代晚期由海軍船醫湯瑪士·琴蕾爵士（Sir Thomas D. Gimlette）發明，加糖萊姆汁是為了預防船上士官兵得到壞血病而設計的配方。

拉莫斯琴費茲（RAMOS GIN FIZZ）

拉莫斯琴費茲這道調酒讓《慾望街車》（A Streetcar Named Desire, 1947）的作者——美國南方劇作家田納西‧威廉斯（Tennessee Williams）心醉。調酒師亨利‧拉莫斯（Henry Ramos）1888年在紐奧良打造原始配方，並呼籲要把隔冰器搖動整整12分鐘，才能搖出質地堅硬的紮實完美泡沫！

拉莫斯琴費茲作法：

材料：
1½盎司（44.4毫升）倫敦干型琴酒
1顆中型蛋白
¾盎司（22.2毫升）單糖漿
½盎司（14.8毫升）現榨萊姆汁
½盎司一半全脂奶和一半鮮奶油
3滴橙花水（orange blossom water）
2盎司（59毫升）蘇打水
柳橙角

艾文‧路斯提格（Alvin Lustig）**17**
1947 年設計的書籍封面。

將琴酒、蛋白、單糖漿、萊姆汁、全脂奶和鮮奶油以及橙花水放在雪克杯中一起混合，劇烈搖動至少1分鐘，濾去冰塊倒進柯林斯杯（Collins glass）裡呈無冰狀態，然後加入蘇打水，讓它充滿氣泡。最上層放上雪克杯裡多餘的泡沫。用柳橙角裝飾，配上吸管即可飲用。

馬丁尼地位日趨重要

在禁酒令期間，由於非法製作琴酒比較容易，順水推舟使傳統馬丁尼（真正的馬丁尼是以琴酒為基酒，而非伏特加）大眾化，後來更成為美國20世紀中葉的主流調酒。

與馬丁尼難分難捨的不乏知名人士……

---

17. 美國書籍設計師、平面設計師暨字體設計師。

18. 1902年開業的阿爾岡昆飯店最有名的活動是阿岡昆圓桌，1919至1929年間，紐約最知名的作家、記者、評論家、演員常在此聚會。

美國記者兼評論家亨利・路易斯・「H.L.」・孟肯稱馬丁尼為「唯一與十四行詩一樣完美的美國發明物」時就頗具詩意。

馬丁尼傳說中最出名的酒語，也許可以歸因於阿爾岡昆圓桌文人會（Algonquin Round Table）**18** 裡的忠實成員陶樂絲・派克所為，但這種指涉貌似是空穴來風：

我想來杯馬丁尼，
兩杯是我的極限，
三杯我就喝趴下，
四杯就任人宰割！

陶樂絲・派克

在威尼斯的哈利酒吧（Harry's Bar），海明威用琴酒與香艾酒15：1的比例，乾掉他自己的改造版干型馬丁尼，他管它叫蒙哥馬利（Montgomery）干型馬丁尼（模仿英國領軍元帥伯納德・蒙哥馬利〔Bernard Montgomery〕，他偏好以自己軍旅生涯的參戰勝敗次數比例15：1的方式來調製馬丁尼）。

歐內斯特・海明威

埃爾文・布魯克斯・懷特（Elwyn Brooks, E. B. White）相信：馬丁尼是讓「自己平心靜氣的萬靈丹」，他曾在給朋友的信中提到：一杯干型馬丁尼傍身，就是他擺脫寫作過程中偶爾得冥思苦想的最佳妙方。

派翠西亞・海史密斯（Patricia Highsmith）是《天才雷普利》（The Talented Mr. Ripley, 1955）的作者，對馬丁尼並不陌生的她，從在巴納德學院（Barnard College）上學時開始飲酒。她在1940年代初記下的日記中，寫道，酒對藝術家扮演的角色極為重要，因為它讓藝術家「可以再次看到真相、單純和原始的情感。」

埃爾文・布魯克斯・懷特

T.S. Eliot: Anatomy of a Literate Martini Enthusiast

是格魯喬・馬克思（Groucho Marx）的忠實粉絲。

用熱銷的法國香艾酒品牌諾麗不甜（Noilly Prat）為他的貓命名。

會惡作劇，愛玩放屁坐墊和爆炸雪茄。

1939年的著作《老負鼠的貓經》（Old Possum's Book of Practical Cats），後來改編成轟動全球的百老匯歌舞劇《貓》。

他是史上第一位使用廢話一詞的詩人，用在1910年的詩作《廢話的勝利》（The Triumph of Bullshit）中。

1949年，他創作了自己最叫好又叫座的劇本《調酒會》（The Cocktail Party）。

1922年的作品《荒原》（The Waste Land）重新定義了現代詩歌。

1948年獲得諾貝爾文學獎。

　　有位崇拜他的民眾問到他的創作靈感來源時，艾略特答覆：「琴酒和毒品，我敬愛的女士，琴酒和毒品會啟發我。」他還明講：「沒有什麼比干型馬丁尼調酒更令人亢奮了。」

在《T.S.艾略特書信集》（The Letters of T. S. Eliot）一書中，他描述自己如何為詩歌戲劇《史威尼論爭》（Sweeney Agonistes）撰寫獨白：「我是在教堂時間過後四分之三個小時和某個星期日早上在午餐前寫的，還有半瓶布斯琴酒（Booth's Gin）助我一臂之力。」

多加琴酒的經典干型馬丁尼

與大多數傳世調酒一樣，馬丁尼的產地也有爭議——有些酒與飲料歷史學家認為，這種調酒的名字，來自1863年首次銷售的義大利香艾酒品牌Martini&Rossi；其他學者則聲稱，馬丁尼的名字是從1860年代早期，在舊金山西方酒店（Occidental Hotel）供應的馬丁尼茲（Martinez）調酒演變而來，馬丁尼茲是該酒店附近某城鎮的名字；另一派理論則將馬丁尼追溯至1912年左右在紐約市的尼克博克酒店（Knickerbocker Hotel）。

調酒史上最具代表性的玻璃杯形狀。

馬丁尼的琴酒與香艾酒「適當」比例會因時制宜，因為大家對馬丁尼口味偏好已往口感更干（少點香艾酒）的酒譜發展。1930年代的比率是3：1，1940年代則是4：1；到20世紀後期，調酒師將一些香艾酒用霧化器噴入玻璃酒杯中，已成為普遍的手法。

諾爾・寇威爾（Noël Coward）比較喜歡極干的馬丁尼，他正經八百地說過：「完美的馬丁尼應該是裝滿一整杯琴酒，然後朝義大利（香艾酒的生產商）的大致方向揮舞一下就對了！」

干型馬丁尼作法：

材料：
碎冰
2½盎司（約73.9毫升）倫敦干型琴酒
（例如龐貝琴酒〔Bombay〕、英人琴酒
〔Beefeater〕或高登琴酒）
½盎司（約14.79毫升）干型苦艾酒，諾麗不
甜香艾酒為佳
綠橄欖作裝飾

在雪克杯或調酒杯裡裝滿冰。

把琴酒和香艾酒加進去，充分攪動約20秒，然後過濾到馬丁尼杯中，用橄欖裝飾。

草本植物熱潮興起

與所有傳統烈酒一樣，琴酒也因為現代工藝蒸餾運動，而有了一番新氣象。琴酒以本質來說跟伏特加很像，它是浸泡了杜松子的伏特加，之後琴酒內含的植物風味變化更加無窮無盡——孟買藍鑽特級琴酒（Bombay Sapphire）1987年問世，打造出第一款市售琴酒，與經典款以杜松子為主角的「干型倫敦琴酒」風格相去甚遠，前者素材包括杏仁、檸檬皮、紫蘇和天堂椒等十種原料。

從那時起，創新微型工藝蒸餾開始流行，並加入令人驚奇的全新植物性藥材：比方白松、奧勒岡葡萄（Oregon grape）、小茴香、薰衣草、番紅花、黑莓、椰子和海藻。假如要體驗今天一應俱全、琳瑯滿目、各式各樣的琴酒，恐怕以前的作家會忙得不亦樂乎，很難找到時間在打字機前靜心寫作！

VODKA

第五章 伏特加

冬日應景伏特加，天寒地凍少不了它！除了一些事——共產黨強占國家——之外，再也沒有什麼還能讓人預感天將要降雪！

　　——米歇爾‧伯恩斯坦（Michèle Bernstein）《國王所有的馬》（All the King's Horses, 1960）

在東歐，伏特加已經成為數百年來地位最重要的烈酒，但在西方、尤其是以美國的普及度來說，相較起來它算是酒界新兵，直到20世紀下半葉，伏特加才開始受到關注。因此，伏特加錯過了美國的禁酒令，也錯過了1920年代傑出作家他們熬出頭、弄盞傳杯的萌芽階段；結果爵士時代的文學偶像，基本上大多沒聽說過伏特加這號烈酒，於是會愛上伏特加到喝醉、或撰稿稱頌它的人根本寥寥無幾；俄羅斯人則無疑一直以伏特加為寫作題材。儘管赴盛典起步晚，不起眼的伏特加最終還是嶄露頭角，最後超越威士忌與琴酒，成為全世界銷售量第一的烈酒。

俄羅斯和波蘭的國民酒

　　和所有烈酒一樣，伏特加的早期歷史也混亂不堪，關於它的臆測頗多。由於缺乏歷史證據來支持眾說紛紜的主張，學者唯一達成共識之處，就是伏特加起源於波蘭或俄羅斯。伏特加在這兩國的飲酒歷史發展上，打下了重要基礎，而在俄羅斯，它更是早已長期深深植根於該國人民的靈魂中。

馬鈴薯最終成為伏特加的主要原料，它直到 16 世紀才傳入歐洲。

燃燒的水

伏特加（vodka）這個名字，一般認為它是voda（水）這個字的衍生詞，它是斯拉夫語的「可愛的水」（水的暱稱；或波蘭語的『水』〔woda〕）。人類史上第一次提到伏特加可能是在1405年的波蘭法院文件中，但目前用作明確表達乙醇製烈酒的這個專有名詞，則是一直到了19世紀中葉，才在俄語中廣泛使用。

伏特加這款無色烈酒的早期原型是從穀物、玉米的發酵糊或葡萄汁蒸餾而來，並冠上林林總總不同的名稱，包括麵包酒、蒸餾酒、燃燒的葡萄酒（拉丁文為vinum crematum，即「香料熱飲酒」）和生命之水（拉丁文為aqua vitae）。馬鈴薯後來成為某些伏特加的主要成分，它直到16世紀才傳入歐洲。

波蘭酊（Tincture）

波蘭聲稱他們8世紀時，生產了伏特加的早期原型，但那或許是從葡萄酒濃縮而來的酒——它更像是天然無加工的白蘭地。最早的文獻記載證實，俄羅斯的穀物發酵酒早在9世紀就出現了。

11世紀出現波蘭伏特加的新版本，名字是戈薩爾卡（gorzalka）（即「燃燒的水」——是指在釀酒廠或蒸餾室加熱過程中產生的酒精）。和整個中世紀生產的大多數蒸餾酒一樣，戈薩爾卡和其他伏特加的前身，主要是用作藥酒。這些早期的原始穀物蒸餾液粗糙且混濁，與現代伏特加酒幾乎天差地別。

15 世紀的蒸餾過程會將風箱應用於火爐上。

波蘭文學最早提到伏特加的地方，是民族詩人亞當・米茲凱維奇（Adam Mickiewicz）的史詩《塔德伍施先生》（Pan Tadeusz, 1834），這首詩是讚揚古波蘭烹飪傳統的頌歌。試舉對聯範例：

男人們拿到伏特加後就座，立陶宛冷羅宋湯也送上桌。

伏特加早期的莫斯科發展史

類似現代俄羅斯伏特加的東西，其發源地究竟在哪？關於這點，引起了眾人沸沸揚揚的議論，某派人士主張蒸餾科學是1386年引進莫斯科的，當時卡法（Kaffa）（克里米亞半島的熱內亞殖民地）的大使，贈送酒精（從葡萄汁萃取的乙醇水溶液）給莫斯科大公德米特里・頓斯科伊（Dmitry Donskoy）。

莫斯科大公德米特
里・頓斯科伊

俄羅斯還有另一個傳說，莫斯科克里姆林宮（Kremlin）內楚鐸夫修道院（Chudov Monastery）一位名叫伊西多爾（Isidore）的東正教修道士，1430年左右調製了俄羅斯穀物伏特加的第1份優質酒譜，並將它稱為「麵包酒」——但沒有歷史文獻可以證實此主張。

伊凡大帝（Ivan III）則視此為開闢廣大財源的契機——1472至1478年間，他推展由國家進行控制伏特加酒生產和銷售事宜，這是在俄羅斯歷史上，建立和廢除伏特加壟斷措施中的首次行動。

大鷹酒杯

在俄羅斯，不喝酒的男人，就不是真正的男子漢！向酒說不的人會招來懷疑的目光！讓18世紀的沙皇彼得大帝（Peter the Great）龍心大悅的就是茴香（anise）伏特加，他以喝不醉的驚人酒量自豪，他自稱是零宿醉。為了懲罰官方宴會上姍姍來遲、希望避免過量飲酒的賓客，他建立了稱為「罰酒」的規則——即持1.5公升的酒杯一次喝光，並將酒杯命名為「大鷹」。

1863年，俄羅斯政府對伏特加的壟斷措施被廢除，導致伏特加價格下跌，不分階層都買得起，它飛快成為俄羅斯大多數酒類銷售排行榜上的第1名。19世紀時，參加拿破崙戰爭（Napoleonic Wars）的俄羅斯士兵成為伏特加傳播歐洲的功臣。

俄羅斯的莎士比亞

亞歷山大‧謝爾蓋耶維奇‧普希金（Aleksandr Pushkin）常獲封為「俄羅斯的莎士比亞」，是該國破天荒在自己的作品中提到伏特加的大作家，他在短篇小說《射擊》（The Shot, 1830）中談起伏特加在俄羅斯人生活中的角色：「我遇過最好的神射手，每天至少在晚餐前會開3槍。這就跟喝1杯伏特加沒兩樣，是他日常工作的一部分。」

在俄羅斯，小朋友喝伏特加的現象屢見不鮮，而且還不僅是在社交和禮儀場合上飲酒，俄羅斯人認為愈早培養酒力、愈能預防酒精中毒，普希金1834年寫信給妻子，說到他們的年幼的兒子時，他有個看法：「我很高興聽到薩什卡（Sashka）斷奶……奶媽習慣在睡前喝酒，這件事也不是滔天大禍，這孩子會習慣喝伏特加的。」

杜斯妥也夫斯基與酒禍

與西方世界大相徑庭的是，俄羅斯文學相對上對酒的美化不足。從俄羅斯漫長且泰半悲慘的酗酒歷史來看，很多俄羅斯作家傾向於對酒這個主題持保守立場。

酒精對俄羅斯人的靈魂造成致命影響，是費奧多爾·杜斯妥也夫斯基（Fyodor Dostoyevsky）作品的一貫主題，《罪與罰》（Crime and Punishment, 1866）原本的小說書名是《醉鬼》（The Drunkards），杜斯妥也夫斯基在致信編輯安德烈·克雷耶夫斯基（Andrei Krayevsky）時直指：「（這部小說）將直視現今大家的酩酊狀態問題，不僅要檢視該問題、還要呈現出所有後果，最重要的是對家庭的描述，還有在這種情況下撫養子女的事等等。」

費奧多爾·杜斯妥也夫斯基

杜斯妥也夫斯基在他的小說《群魔》（Demons, 1871）中喟嘆：「俄羅斯造物主已經被不值錢的伏特加所征服，農民變醉漢、母親也醉倒、小孩醉醺醺，教堂都空無一人。」

杜斯妥也夫斯基並非像在上文中，獨享伏特加而已，他的作家哥兒們米哈伊爾·亞歷山德羅夫（Mikhail Alexandrov）在日記中記錄了杜斯妥也夫斯基早上固定要做的事：「我在早餐時間來找費奧多爾·米哈伊洛維奇（Fyodor Mikhailovich）**01**，直擊他是怎麼去品味純穀物作成的伏特加；他咬下一塊黑麵包，再啜飲一口伏特加，然後就這樣整口一起吃掉。」

---

01. 杜斯妥也夫斯基的全名是費奧多爾·米哈伊洛維奇·杜斯妥也夫斯基（Fyodor Mikhailovich Dostoyevsky）。

俄羅斯人傳統上會拿伏特加與食物搭配享用，經典搭配之一是魚子醬。

托爾斯泰是個掃興的傢伙！

JUST SAY NYET

說「不」就對了！

在一個受審查制度約束的封閉社會中，伏特加、政治和金錢已經密不可分糾葛數百年，許多作家對喝酒這件事要自由表達自己的看法一直諱莫如深。但列夫·托爾斯泰（Leo Tolstoy）是世界聞人，大可放心坦白。

這位《戰爭與和平》（War and Peace, 1869）與《安娜·卡列尼娜》（Anna Karenina, 1873）的作者不僅視伏特加為毒藥，還認為它是獨裁體制鎮壓農民的圖利手段。1887年，他成立名為「團結一心反酒醉」的戒酒團體；1890年，他發表舉世知名的文章，題為〈為何麻醉自己成昏頭昏腦？〉並在文中痛批：「全世界嗑大麻、鴉片、葡萄酒和菸草的原因，不在於它們的味道，也不是因為它們能帶來任何愉悅、娛樂或歡笑，僅僅只是由於人要逃避自己良知的要求。」

列夫·托爾斯泰

伏特加不可知論者

安東‧契訶夫得意地戴著他的招牌裝扮夾鼻眼鏡。

安東‧契訶夫（Anton Chekov）對伏特加和一般酒類的看法，在鄙視和同情之間搖擺不定，這位俄羅斯短篇小說巨匠譴責伏特加製造商為「撒旦的血販」（他的兩位兄弟都酗酒）；但他也理解人類渴望從日常生活殘酷的現實中尋求慰藉，他的故事和劇作中的好酒之輩則充滿幽默感和同情心。

契訶夫的劇作《凡尼亞舅舅》（Uncle Vanya,1896）的主角在外甥女責備他跟醫生一起飲酒後辯解：「現實生活讓人有失落感時，就必須製造一種幻想。」

在契訶夫的短篇小說《在海上：水手的故事》（At Sea: A Sailor's Story, 1883）裡，自甘墮落的主角之一大喊：「我們水手灌了很多伏特加，然後到處作惡犯罪，因為我們不知道海上有人能有什麼美德。」

俄羅斯的布考斯基

接著是對自己的愛好毫無歉意的伏特加擁護者維涅狄克特‧葉羅菲耶夫（Venedikt Erofeev），他以對伏特加和寫作的熱愛不分軒輊而聞名。他早期的布里茲涅夫時代（Brezhnev-era） **02** 散文詩傑作《從莫斯科到佩圖什基》（Moscow to the End of the Line,1969），描繪了世界文學界數一數二酒量最威名遠播的人，這首偽自傳體散文詩講述了從莫斯科到佩圖什基、一路頌詠伏特加的火車之旅，乘客暨主人公原是電纜裝配員，剛被炒魷魚，要去探視他的愛人和幼子。

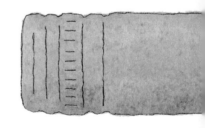

在這場幻影之旅中，說故事的人維尼奇卡（Venichka）與其他同車旅客展開有關飲酒的哲學討論，而他睡過頭了，錯過了他要下車的站，最終在返回莫斯科的火車上醒來。

俄裔美籍作家亞歷山大·格尼斯（Alexander Genis）形容維涅狄克特·葉羅菲耶夫，是「酒類形而上學的偉大探險家，對他來說，酒讓他超凡脫俗。醉酒是一種手段，讓人能掙脫，變得（簡直）不屬於這個世界。伏特加是開創嶄新現實的推手。」

維涅狄克特·葉羅菲耶夫頭髮往前梳的造型，比小賈斯汀（Justin Bieber）的服貼髮型還早出現。

---

02. 列昂尼德·布里茲涅夫（Leonid Brezhnev）自1964年起擔任蘇聯共產黨領導人，直至1982年逝世，其18年的統治被認為是蘇聯晚期社會和經濟停滯的時期，稱為「停滯時代」。

在《從莫斯科到佩圖什基》裡，無數的蘇托力伏特加（Stolichnaya）被喝光光。

20世紀俄羅斯國家元首與伏特加的淵源

1917年俄國革命（Russian Revolution）的主導詩人弗拉基米爾・弗拉基米羅維奇・馬雅可夫斯基（Vladimir Mayakovsky）有句名言：「為伏特加殞命，總比因無聊而喪命好多了！」俄羅斯的領導人對伏特加的看法也有天壤之別……

1914年，沙皇尼古拉二世（Tsar Nicholas II）堅信醉得一塌糊塗的麾下士兵，害他成了日俄戰爭的敗軍之將，他頒布了一項法令：禁止生產和銷售伏特加。

佛拉迪米爾・列寧（Vladimir Lenin）宣布：「伏特加和其他麻醉劑會使我們退回資本主義，而非前進共產主義！」並下令凡喝醉一律槍斃。

約瑟夫・史達林（Joseph Stalin）利用銷售伏特加來為蘇聯的社會主義工業化籌措資金。

尼基塔・赫魯雪夫（Nikita Khrushchev）對胡椒伏特加情有獨鍾。

列昂尼德·布里茲涅夫（Leonid Brezhnev）愛死波蘭滋布洛卡伏特加（Zubrówka）了！白俄羅斯也有這種野牛草味伏特加。

1985年，米哈伊爾·戈巴契夫（Mikhail Gorbachev）這位蘇聯共產黨中央委員會總書記的首次施政作為是發動限制飲用伏特加的戒酒運動，結果讓他大失民心。

蘇聯總統戈巴契夫的繼任人、也是伏特加癡的鮑利斯·葉爾欽（Boris Yeltsin），會因為喝了過量伏特加，當場亢奮耍寶而聞名於世。

現任總統佛拉迪米爾·普丁（Vladimir Putin）對烈酒興趣不大，據報導他比較喜歡啤酒而非伏特加。

伏特加在美國

　　儘管如今在美國無所不在（在美國三分之一的常見調酒，是用伏特加作為基底調成的），但伏特加早期在美國卻處處碰壁。美國人有自己最寶貝的無色烈酒──琴酒，它正是在禁酒令推波助瀾下應運而生的；相對無味的競爭對手伏特加則滯銷。

　　1933年禁酒令結束後，俄羅斯伏特加大型生產商的創始人彼得・思美洛（Pyotr Smirnov）的兒子弗拉基米爾・思美洛（Vladimir Smirnov）將它在美國的商品名稱、製程和生產權，賣給了烏克蘭裔美國人魯道夫・卡納（Rudolph Kunett）。卡納在康乃狄克州伯貝塞爾（Bethel）開店，卻沒有想到美國人對這種酒視若無睹。白費力氣五年後，他以14,000美元的價格，將公司賣給休伯萊恩公司（Heublein Inc.）總裁約翰・G.馬丁（John G. Martin）。

約翰・G.・馬丁，讓伏特加在美國風行的人。

馬丁的行銷花招之一，是用銅馬克杯裝盛名為莫斯科驢的伏特加調酒。

　　幾年來，伏特加的銷售市場一直持續蕭條，但1941年時，馬丁前往洛杉磯，遇到了好萊塢餐廳公雞與牛（Cock'n Bull）的老闆傑克・摩根（Jack Morgan），摩根有賣不出去的英國薑汁啤酒。他們倆手裡拿著兩種沒人想要的產品，便嘗試將伏特加與薑汁啤酒混搭，結果調製出莫斯科驢調酒，這款調酒紅遍大街小巷，是伏特加落腳美國所需的立足點。調酒師突然發現在調酒時，中性伏特加無色、無香、無味，是潛力十足的調酒基酒。

伏特加通寧

　　跟喝無添加純伏特加的東歐伏特加同好迥異，多數全心熱愛伏特加的西方消費者，偏好拿另一種飲料來稀釋伏特加，或把伏特加當作調製調酒的基酒來飲用它。

　　美國作家兼垮掉的一代（Beat Generation）的代表人物威廉・布洛斯（William Seward Burroughs II）曾說：「我們的國藥是酒精！」後來幾年，他常被目擊，手中總是端著他最標誌性的伏特加與可樂。

　　歷久不衰、可加進伏特加的無酒精調酒飲料素來是通寧水，英裔美藉小說家克里斯多福・伊舍伍（Christopher Isherwood）擔心自己會把這種飲料喝過頭——這位《柏林故事》（Berlin Stories, 1945）的作者，把該書背景設定在導致希特勒竄起的開懷暢飲、風流才子年代——他強烈感覺這樣下來可能會長期影響他的健康。在他與世長辭後1996年出版的日記裡，他動輒以「今天我不吸煙、也拒喝伏特加通寧」當作日記開頭。

克里斯多福・伊舍伍

　　伏特加通寧的另一位粉絲是彼得・漢密爾（Pete Hamill），他是愛喝兩杯的紐約市記者，是格林威治村獅頭酒館（Lion's Head Tavern）的老客人。在這家具有傳奇色彩的文人酒吧裡，漢密爾與法蘭克・麥考特（Frank McCourt）、謝默斯・希尼（Seamus Heaney）和諾曼・梅勒等同樣是作家的顧客，彼此交換了自己的故事。漢密爾在回憶錄《喝酒的人生》（A Drinking Life, 1995）裡寫了：「我不認為紐約很多酒吧曾經有過像這樣，包括新聞工作者、畫家、音樂家、航海家、前共產主義黨員、牧師和修女、運動員、股票經紀人、政治家與民歌手薈萃一堂，在人人平等的飲酒民主制度裡緊密相依。」但38歲時，漢密爾承認酗酒傷身傷心，並永生戒酒，他1972年喝的最後一杯酒是伏特加通寧。

傳奇的白馬酒館（White Horse Tavern）與格林威治村獅頭酒館（1996年結束營業）相隔幾條街，1950和60年代，它是傑克・凱魯亞克、阿內絲・尼恩（Anaïs Nin）、詹姆斯・鮑德溫（James Baldwin）、諾曼・梅勒和亨特・斯托克頓・湯普森等文學名人的常聚處。

用搖的，不要攪拌

他虛構的小說人物英國情報機構特務
詹姆士‧龐德（James Bond）躍上大銀幕
時，小說家伊恩‧佛萊明（Ian Fleming）
無意間推動了1960年代當時伏特加的銷
售量。在電影裡，龐德的招牌酒是伏特加
馬丁尼，經典臺詞則是「用搖的，不要攪
拌」。在龐德之前，點馬丁尼其實是指
干型馬丁尼，從理論上來說，搖動會「過
度稀釋」琴酒，但顯然伏特加並不那麼脆
弱。

總之佛萊明小說的主角龐德並不那
麼堅持點伏特加──但他愛點干型馬丁
尼。在該系列第一部小說《皇家夜總會》
（Casino Royale, 1953）裡，龐德點了
含伏特加和琴酒的薇絲朋（vesper），並
精準指示調酒師：「3份高登琴酒，1份伏
特加，半份奇拿‧利萊特（Kina Lillet）**03**
，搖到夠冰的時候倒出來，再加一大片檸
檬皮。懂嗎？」

當代小說家暨英國同鄉勞倫斯‧奧
斯本也喜歡調製精良的伏特加馬丁尼。
在《濕與乾》（The Wet and the Dry,
2013）中，身處中東基本上都是禁酒的

伊恩‧佛萊明塑造的詹姆士‧龐德。

---

03. 由葡萄製成的苦味法國開胃酒，取代苦艾酒，
現已停產。

國家，他沉湎在飲酒帶來的危險中。坐在貝魯特的勒布里斯托爾酒店（Le Bristol Hotel），還有一名武裝士兵在旋轉玻璃門外站崗，他形容那不起眼的酒吧能「鍛鍊人變得謹慎」，然後不知不覺陷入他的伏特加馬丁尼裡：「鹹味就像牡蠣底部的冷海水一樣，這種酒讓人感覺非常不祥、無限涼爽且徹底滿足，因為它需要你有一定程度的勇氣才能飲用。」

螺絲起子

由柳橙汁加伏特加調製的螺絲起子（Screwdriver），讓楚門・卡波提（Truman

Capote）入魔，這位《第凡內早餐》（Breakfast at Tiffany's, 1958）和《冷血》（Cold Blood, 1966）的作者把它稱為「我的柳橙飲料」。

根據《伏特加：這款無色、無味的烈酒如何征服美國》（Vodka: How a Colorless, Odorless, Flavorless Spirit Conquered America, 2014）一書的作者維克托里諾・馬圖斯（Victorino Matus）的說法，螺絲起子的名字源自於1940年代末期在波斯灣的美國石油鑽井平臺工人：工作時，他們小心翼翼將伏特加添入柳橙汁中，並用手邊最近的工具──螺絲起子加以攪拌。

螺絲起子作法：

材料
冰
2盎司（約59.15毫升）伏特加
柳橙汁
柳橙角作裝飾

在裝了冰的高球杯中倒入伏特加，然後放滿柳橙汁，用柳橙角裝飾。

雷蒙德・卡佛之「我喝酒的地方」

雷蒙德・卡佛（Raymond Carver）獲《泰晤士報》（Times of London）譽為「中美的契訶夫」。卡佛的詩歌散文在振興1980年代的美國短篇小說上貢獻良多，但在他成年後的大部分時間裡，伏特加左右他的人生到無以復加的程度，但跟他眾多沉溺於尋酒的前輩不同，他最終得以戒酒。

卡佛在華盛頓東部的雅基馬（Yakima）小鎮長大，父親在當地鋸木廠工作，雙親都被酒征服，他還小時就耳濡目染。1983年接受《巴黎評論》採訪時，他訴說了這段經歷：

「（我母親）在廚房水槽下的櫥櫃裡放了一瓶『神經藥』獨享，每天早上她都要嚐幾湯匙，我父親的神經藥則是威士忌⋯⋯我記得我曾偷喝過、但厭惡至極，不懂怎麼會有人要喝這種東西！」

他第1個出版的故事叫做《田園》（Pastoral），1963年在《西方人文評論》（Western Humanities Review）上發表，他對查理・布考斯基有首詩刊登在同一期裡異常興奮。

卡佛還不滿 15 歲時就開始吸煙來減重。他父母都會買他專屬的香煙給他，這樣他就不會再從他們那邊揩油了。

1973年，他跟同為「美國版契訶夫」、且一樣酒氣衝天的約翰・齊弗（John Cheever）一起在愛荷華州任教。卡佛後來自述：「他和我除了喝酒外什麼也沒做⋯⋯我們上課都是在演講的樣子，但我們在那裡的那段時間⋯⋯我想我們倆都一樣，連打字機的蓋子都沒拿下來過。」

據他的傳記作者卡羅・絲克萊尼卡（Carol Sklenicka）表示，卡佛在為他的第一本短篇小說《能不能請你安靜點？》（Will You Please Be Quiet, Please？ 1976）印刷初稿校樣時，就在他的餐桌上喝伏特加。

有「郊區契訶夫」美譽的
約翰・齊弗。

THE STORIES OF
RAYMOND
CARVER
WILL YOU
PLEASE
BE QUIET,
PLEASE?

卡佛的酒癮毀了他第1段婚姻，前妻是瑪麗安・伯克・卡佛（Maryann Burk Carver）。 瑪麗安在她2006年的回憶錄《曾經的樣子：我與雷蒙德・卡佛的婚姻記事》（What It Used to Be Like: A Portrait of My Marriage to Raymond Carver）中講到某次醉酒情景：卡佛用伏特加酒瓶砸破她的頭，差點讓她沒命。

初版，1976 年由紐約麥格勞・希爾
出版社（McGraw-Hill）出版。

1977年，在到戒酒康復中心2次且在醫院檢查治療3次後，卡佛放棄飲酒。他的朋友、美國小說家道格拉斯・昂格爾（Douglas Unger）透露：「雷蒙德多次招認，他不確定停酒後，自己是否還能寫得出文章。」

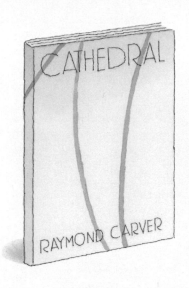

事實上，他最後11年不醉不酒證明是他最多產的時期，最終出版他的絕唱小說集《大教堂》（Cathedral, 1984），此系列中包括得獎的故事《我打電話的地方》（Where I'm Calling From），該故事的重點為「戒酒中心」的酒鬼，而說故事的人：J.P.，援引了傑克‧倫敦的故事《生火》（To Build a Fire）來隱喻恢復原貌——他可以凍死，也可以用生火來求生。

初版，1983 年由紐約克諾夫出版社（Alfred E. Knopf）出版。

卡佛在《巴黎評論》（Paris Review）的採訪中回想起自己飲酒的事，他回憶：「喝酒之後一定會發生一些神奇的事，但我那時從沒去探索過那些。我只是太喜歡喝酒了，我想是從我發現我一生中最想要的東西——就我自己而言、以及我在寫作上、還有我的妻兒方面——根本就不可能會發生之後，我就開始狂喝酒了。」

大衛‧麥克拉肯（David McCracken）在他的論文《雷蒙德‧卡佛和飲酒的風氣思潮》（Raymond Carver and the Ethos of Drinking）中指出，在卡佛的許多故事裡，他的角色都自相矛盾地依靠酒精來解決他們因依賴酒精而引起的問題。他分析：「在卡佛的虛構世界中，攝取酒精可以帶給許多人物穩定感，透過這種感覺，他們可以自我評價，即使這種穩定是轉瞬即逝的。」

卡佛也是老煙槍，1988年因肺癌病故。

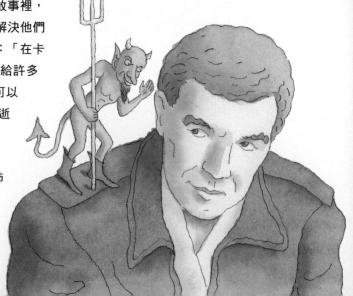

卡佛稱喝酒歲月裡的自己是「壞雷蒙德」（Bad Raymond）。

血腥瑪麗

免不了要海飲酒精來奮筆疾書的作家，隔天重新開始工作時，必須克服的最大障礙就是宿醉。海明威和雷蒙德・卡佛常搬出「醒酒藥」這招，通常是變出一杯血腥瑪麗（Bloody Mary）。

血腥瑪麗是怎麼調的？普遍都說它是1920年代，調酒師弗南德・「彼得」・帕蒂奧（Fernand "Pete" Petiot）在巴黎的哈里斯的紐約酒吧（Harry's New York Bar）首次混合了伏特加和番茄汁而來。

1934年，禁酒令結束後，彼得在紐約聖瑞吉酒店（St. Regis Hotel）經營金科爾酒吧（King Cole Bar），他在那裡推出了類似的飲料，材料包括伏特加、番茄汁、柑橘和香料。酒店的老闆文森・阿斯特（Vincent Astor）反對使用「血腥瑪麗」這個名字，因此該飲料最初被稱為紅笛鯛（Red Snapper）。

1927年，一位名叫喬治・傑塞爾（George Jessel）的喜劇演員也聲稱自己在美國棕櫚灘的拉梅茲餐廳（La Maze）創造了這種飲料，據稱這個名字是在某位社交名媛將飲料灑到她的白色禮服正面時驚叫來的：「喬治，現在你可以叫我血腥瑪麗了啦！」

另一種廣傳且未證實的理論則認為，該調酒的名字是取自16世紀基督新教兇殘的殺人機器——都鐸王朝的瑪麗女王（Queen Mary Tudor）。

還有一個已經揭穿了的真相，則是把這種調酒的起源歸因於海明威——他可能沒有創造它，但他確實調製了他自己的酒譜，如《海明威：精選信》（Ernest Hemingway: Selected Letters, 1917至1961年）（1981年出版）中記錄的。他的酒譜要求以壺為單位，因為「只要數量少就沒看頭」：

海明威版血腥瑪麗作法：

材料：

冰

16盎司（約473.12毫升）優質俄羅斯伏特加

16盎司冰鎮番茄汁

1湯匙伍斯特醬（又稱Lea and Perrins李派林烏斯特醬）

1½盎司（約44.35毫升）現榨萊姆汁

芹鹽

卡宴辣椒（Cayenne pepper）

黑胡椒

在裝滿冰的壺中，把伏特加和番茄汁混在一起，加入伍斯特醬並攪拌，添加萊姆汁攪拌，加進少量芹鹽、卡宴辣椒和黑胡椒。攪拌並品嚐。如果太辣，可以加些番茄汁來解辣。要是伏特加味道不夠，就再加更多伏特加。

　　最後，他補充：「為了對抗要命的宿醉，可以多放伍斯特醬——但要兼顧色澤，別犧牲賣相。」

瑞典和絕對伏特加

儘管瑞典直到1950年代才採用「伏特加」這個名稱，但它也以brännvin（火燒葡萄酒）的名字生產了數百年的伏特加，該國最有名的品牌「絕對」（Absolut），是1879年由拉爾斯・奧爾森・史密斯（Lars Olsson Smith）創立的。

1979年，在企業家彼得・埃克倫德（Peter Ekelund）和蒸餾酒製造業教主鮑毅康・卡爾松（Börje Karlsson）的指導下，絕對伏特加重塑形象，目的為進軍全球市場，使伏特加產業改頭換面。由於絕對伏特加公司展開了別出心裁的廣告宣傳活動，使伏特加最終令銷售全球的威士忌、琴酒和葡萄酒大軍黯然失色。

拉爾斯・奧爾森・史密斯

懷念美好的過往歲月

就如他的暢銷書《荒誕國度》（Absurdistan, 2006）裡的主角米沙・范伯格（Misha Vainberg）一樣，蓋瑞・史坦迦特（Gary Shteyngart）也愛他的伏特加。史坦迦特在列寧格勒 <kbd>04</kbd> 長大，然後7歲移民紐約。從他的俄羅斯血統來看，他喜歡純飲伏特加，他最忠誠的品牌是俄羅斯斯丹達（Russian Standard），「它沒有怎麼將鑽石從犀牛肛門三重過濾的那種扯蛋故事，但它讓我搞定我的寫作。」

蓋瑞・史坦迦特

2006年接受《現代醉漢雜誌》（Modern Drunkard Magazine）採訪時，史坦迦特感喟文學圈飲酒傳統的終結：

「現在要當個作家真難！作家都是酒的絕緣體，我們這一行是酒菌剋星，我們都一清二楚自己在亞馬遜網路書店（Amazon.com）最極限的排名數字⋯⋯

⋯⋯可以一起喝酒的人太少⋯⋯文學界沒在我喝酒時當我的靠山⋯⋯我形單影隻⋯⋯

⋯⋯在我看來，我生活的世界還是那個有法蘭西斯・史考特・基・費茲傑羅和海明威、還有杜斯妥也夫斯基的世界⋯⋯毫不猶豫把酒一飲而盡——那些東西現在都已經不復存在了。」

無味的烈酒巨頭

勞倫斯·奧斯本指出，伏特加已成為「有史以來最成功的人造麻醉劑和讓人上癮的人工毒品」；然而，儘管伏特加目前地位至高無上，是全世界國際貿易最重要的烈酒商品，但只喜愛純飲方式的消費者（以及俄羅斯勢力範圍之外的作家）倒從未認真打算，將伏特加收入囊中。

雖然有伏特加鑑賞家推薦，不過伏特加能席捲全球，原因不在於它所擁有的，而在於它缺乏的——那就是味道！伏特加自豪披著它無味的大衣，和其他上等烈酒不一樣，不以華麗的口感取勝。金斯利·艾米斯在他的書《每天喝酒》（Every Day Drinking）裡，感嘆伏特加在味蕾上未給人留下深刻印象感，並解釋這「是為了讓那些不喜歡琴酒，或甚至不喜歡一般的酒味的二流人受益。」

---

04. 即現在的聖彼得堡（Saint Petersburg）。1914年第一次世界大戰爆發後，聖彼得堡為因應當時「去日耳曼化」的風潮而改名為「彼得格勒」；在列寧逝世後又改名為「列寧格勒」（Leningrad）。

ABSINTHE

第六章　苦艾酒

苦艾酒有好看的顏色 —— 綠色。一杯苦艾酒和其他所有東西一樣富有詩意，一杯苦艾酒和日落有什麼區別嗎？

—— 奧斯卡・王爾德（Oscar Wilde）
（正如克里斯蒂安・克羅格〔Christian Krohg〕**01** 在1897年「往返巴黎的小日遊」〔In Little Day Trips to and from Paris〕裡告訴王爾德的那樣）

古斯塔夫・福樓拜（Gustave Flaubert）在他1913年發表的諷刺語錄摘要《庸見詞典》（Dictionnaire des idées reçues）中描述了苦艾酒，他形容：「它是格外猛烈的毒藥：一杯酒就一命嗚呼！記者寫稿時就會喝它。它比貝都因人（Bedouin）殺死更多士兵。」

苦艾酒可能是飲酒史上被抹黑最嚴重、最被誤解的烈酒，沒有一種飲料能引發一昧集體歇斯底里、廣泛性焦慮煩躁或更多的謬誤主張，因此，苦艾酒還有個稱號——它是過去200年最普遍被禁的烈酒。

因此，不出所料，多虧了它危如累卵的名聲，再也沒有其他酒比它更浪漫或神話化了，或總能令人聯想到有創意的烈酒。多如牛毛的作家、詩人、畫家和作曲家，都甘心成為這「綠色繆斯」的俘虜！

詩人保爾・魏爾倫（Paul Verlaine）將這種酒稱為「綠色精靈」。

---

01. 挪威現實主義畫家。

苦艾

苦艾酒的關鍵成分是中亞苦蒿（Artemisia absinthium），大家都叫它苦艾，為多年生木本植物，原產於歐亞大陸和北非的地中海地區，苦艾酒獨特的綠色，來自製作時浸軟苦艾葉所釋出的葉綠素。

成分為苦艾的苦艾酒可追溯到古埃及、希臘和羅馬，苦艾酒在這些地方主要用於醫藥目的。在大約西元77年的《博物志》裡，老普林尼詳細介紹了苦艾可以治療的許多疾病，以及不少製備苦艾酒的方法，包括用葡萄汁浸泡苦艾莖葉製成的苦艾酒。

香艾酒一詞源自德語Wermut（意指苦艾）。香艾酒最早的樣子，是16世紀在德國和匈牙利生產的摻有苦艾的加烈葡萄酒，在一些現代香艾酒配方中，仍然可以找得到苦艾。

苦艾

瑞士紐沙特州

但是，現代苦艾酒的原型是在幾個世紀後問世的，起源於18世紀下半葉的瑞士紐沙特州（Neuchâtel）。法國象徵主義詩人亞瑟·韓波（Arthur Rimbaud）將苦艾酒稱為「冰河的山艾樹」時，他指的是瓦勒德特拉費（Val-de-Travers），即位於紐沙特州內的寒冷地區，盛產苦艾。

瓦勒德特拉費的神祕補藥仙丹

　　儘管苦艾酒的原產地並無爭議，但創造苦艾酒的人卻是謎一般的人物、充滿神話色彩，如今學者仍試圖釐清一團亂的真相和子虛烏有。

　　流傳最廣的傳說與一位名叫皮埃爾・歐丁內里（Pierre Ordinaire）的法國逃兵有關，1767年他逃到瑞士庫威（Couvet）村的瓦勒德特拉費，在那裡假扮成鄉村醫師（他的醫療資格可疑），配製了包括苦艾和芳香植物的草藥，因此聲譽卓著，不少病人喝了這神祕的長生不老藥後，宣稱自己已完全痊癒。這個故事的另一個版本則是歐丁內里並未親自調製這種飲料，而是參照一位當地草藥專家亨里奧德小姐（Henriod）的配方，這位草藥專家是銷售苦艾長生不老藥的老手。有一種苦艾酒瓶，上面標有「瑪格麗特・亨利埃特・亨里奧德（Marguerite Henriette Henriod）的單一配方的優質苦艾酒萃取」標籤，支持了這項說法。

瑪格麗特・亨利埃特・亨里奧德

亨利－路易斯・保樂

　　1798年，某位法國商人兼亨里奧德小姐的客戶丹尼爾・亨利・杜比德－杜瓦爾（Daniel Henri Dubied-Duval）少校，見識到她長生不老藥的商機，即與他的5個兒子裡最小的兒子馬塞林（Marcelin）和他女婿亨利－路易斯・保樂（Henri-Louis Pernod）在庫威創設首座量產苦艾酒酒廠——杜比德父子酒莊（Dubied Père et Fils）。

為了讓產品銷售盡可能完善，亨利和馬塞林1802年在法國蓬塔利耶（Pontarlier）靠近瑞士邊境的地方，創建了保樂‧菲爾斯與杜比德公司（Pernod Fils＆Dubied）。公司1804年拆夥後，亨利與大衛‧奧古斯特‧博伊特克斯（David Auguste Boiteux）聯手成立了保樂‧菲爾和博伊特克斯釀酒廠（Pernod Fils & Boiteux），直到1914年苦艾酒在法國被禁之前，它都是苦艾酒最受歡迎的品牌。

在法國是藥方的苦艾酒

苦艾酒在保樂‧菲爾和博伊特克斯釀酒廠與其他生產商安排下，是以保健品方式銷售，法國軍方則將它用於醫療目的。在法國征服阿爾及利亞（1830至1847年）**02** 期間，士兵會定期拿到定量配給的苦艾酒，以預防發燒、瘧疾和痢疾——不用說，他們也很快就將它用在非藥用目的上！在戰爭中倖存的士兵渴望把這個強大的麻醉劑帶回自己的家鄉，因而在法國各地掀起的苦艾酒釀製風潮方興未艾。

法國釀酒葡萄大蟲害（Great French Wine Blight）

19世紀中葉，法國葡萄園爆發大規模根瘤蚜蟲（phylloxera）浩劫，導致法國釀酒葡萄大蟲害，幾乎摧毀了該國的葡萄酒產業，造成葡萄酒價格飆漲。1863年的害蟲蔓延危機直到1890年代才逐漸被控制，而這段時間葡萄酒的短缺則讓苦艾酒產業有機可乘。在大蟲害之前，苦艾酒素來是中產階級的奢侈嗜好，但苦艾酒業者趁機讓自家的酒火速竄位，填補葡萄酒的空缺。隨著產量大增，價格急劇下降，對於新興波西米亞文化 **03** 的作家、詩人和藝術家來說，比起價格飆漲的葡萄酒，綠色精靈突然變成唾手可得！

愛德華‧桑伯恩（Edward Sambourne）**04** 漫畫裡的根瘤蚜蟲，收錄在《膨奇》（Punch）雜誌。

---

02. 1830年起法國以一個外交事件為戰爭理由，入侵並占領阿爾及利亞海岸地區，總督胡塞因‧迪伊（Hussein Dey）被流放，使阿爾及利亞成為法國殖民地。

03. 泛指那些希望過非傳統生活風格的一群藝術家、作家與任何對傳統不抱持幻想的人的一種生活方式。

04. 英國著名諷刺漫畫雜誌《膨奇》的主筆、插畫總監暨業餘攝影愛好者。

綠色時光

　　苦艾酒促成咖啡館文化在整個歐洲開枝散葉。到1869年，僅在巴黎就存在數千家卡巴萊（cabaret）夜總會 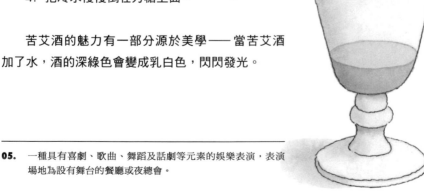05 和咖啡館。苦艾酒是中午到下午最常被點的濃烈開胃酒，而每天的這個時段，也馬上成為大家口中的綠色時光（l'heure verte）。苦艾酒日益走紅的另一個副產品，就是圍繞著咖啡館和綠色時光的街頭賣淫。咖啡館以前是以交流政治和知識而聞名的場所，當時也變為娛樂中心。

　　有種針對飲用苦艾酒開發的禮儀（對苦艾酒相關用具有戀物癖的人會躍躍欲試）：

　　1.　將酒倒入製成球狀或透明圓形罩的特殊玻璃杯中，以精確測量苦艾酒與冷水的比例。

　　2.　把一支設計精美的扁平穿孔湯匙，橫放在玻璃杯上。

　　3.　將一顆方糖放在湯匙上。

　　4.　把冷水慢慢倒在方糖上面。

　　苦艾酒的魅力有一部分源於美學——當苦艾酒加了水，酒的深綠色會變成乳白色，閃閃發光。

05.　一種具有喜劇、歌曲、舞蹈及話劇等元素的娛樂表演，表演場地為設有舞台的餐廳或夜總會。

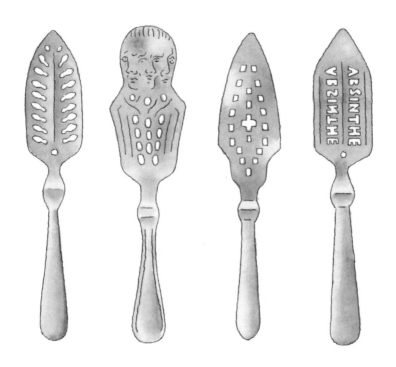

調酒師創造了多不勝數以苦艾酒為特色的調酒配方，但是基本的水滴備酒是飲用苦艾酒的經典方法。

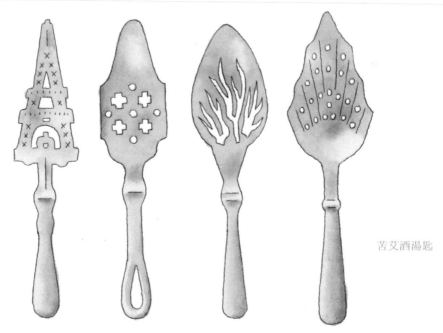

苦艾酒湯匙

波西米亞狂想曲

　　苦艾酒的人氣指數破表，是在美好年代（Belle Époque，通常是指從1871年普法戰爭結束至1914年第一次世界大戰爆發）。當時一群傑出的作家、藝術家和音樂家臣服於綠色精靈的魅力。他們是革命性反文化運動（counterculture movement）的一部分，該運動反對藝術中的古典精神理想化，並支持跨越階級和性別界限的現實主義。

傳奇的巴黎卡巴萊夜總會紅磨坊（Moulin Rouge，1889 年成立）的康康舞女郎。

　　法國詩人暨小說家亨利・穆傑（Henri Murger）的《波希米亞人》（Scènes de la vie de bohème, 1845），以及法國作曲家喬治・比才的歌劇《卡門》（1876），在推動波西米亞式的反文化運動上功不可沒。很多參與其中的藝術家墮落又酗酒，最終玷汙了苦艾酒的名聲，但這並不損害我們對波希米亞式花街柳巷（bohemian demimonde）文化的迷戀。

1881 年在巴黎製造的苦艾酒蒸餾器。

PARIS

波西米亞生活：蒙馬特的作家和藝術家

　　巴黎的蒙馬特（Montmartre）地區位於巴黎第18區的山丘上，是歐洲的波希米亞核心。苦艾酒在蒙馬特的卡巴萊夜總會黑貓（Le Chat Noir）裡自由流通，該夜總會1881年由掌門人魯道夫·薩利斯（Rodolphe Salis）創立，一般認定它是最早的現代卡巴萊夜總會，保爾·魏爾倫、西班牙畫家巴勃羅·畢卡索和法國作曲家艾瑞克·薩蒂（Erik Satie）都是黑貓的卓越座上賓。

亨利·德·土魯斯－羅特列克

1896 年最具代表性海報，由塞菲爾·施泰因倫（Théophile Steinlen）**06** 操刀設計，宣傳黑貓歌舞表演團。

　　亨利·德·土魯斯－羅特列克（Henri de Toulouse-Lautrec）是另一位常報到的客人，他因將苦艾酒的小玻璃瓶保存在隨身攜帶的空心訂製手杖裡而聞名，現今稱之為「土魯斯－羅特列克」或「醉翁」手杖。他最喜愛的調酒叫天旋地轉（earthquake），成分為苦艾酒加干邑白蘭地。

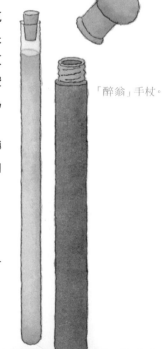

「醉翁」手杖。

---

06. 法國新藝術風格畫家暨版畫家。

在夏爾・波特萊爾（Charles Baudelaire）1857年發行的詩歌集《惡之華》（Les Fleurs du Mal）裡的詩作《藥》（The Poison）中，苦艾酒（該詩名的毒藥）的等級高於葡萄酒和鴉片：：

所有這一切都比不上那種毒，
流自你的眼，綠的眼，
那兩口湖，我的靈魂顫抖，倒看……
我的夢幻蜂擁塞途，
來此苦澀的深淵把乾渴解除。 **07**

法國象徵主義作家阿爾弗雷德・雅里（Alfred Jarry）以他的劇作《烏布王》（Ubu roi, 1896）而為人熟知，他堅持純飲不摻水的苦艾酒，並稱它為「聖水」。

阿爾弗雷德・雅里

莫泊桑（Guy de Maupassant）對苦艾酒很滿意，就像他的短篇小說《巴黎離奇夜》（A Queer Night in Paris）的許多角色一樣：「M. 薩瓦爾（M. Saval）在離他們一定距離的地方坐下並等待，等著品味苦艾酒的那個時刻到來。」

同為象徵主義者暨法國詩人居斯塔夫‧卡恩
（Gustave Kahn，1859至1936年）用自由詩表達了他的
奉獻精神：

苦艾酒——一切幸福的來源！噢，幸福無窮的苦艾
酒，你在我的玻璃杯裡閃耀綠色和淡淡的光芒，就像我曾
愛過的情婦的眼睛一樣⋯⋯

毛髮茂密的居斯塔夫‧卡恩

埃米爾‧左拉

艾德加‧竇加（Edgar Degas）掛在巴黎奧賽美術館裡
的1876年名畫《苦艾酒》（L'absinthe），描繪了皮加勒廣
場（Place Pigalle）上，他的兩位朋友在常去的新雅典咖啡
館（Café de la Nouvelles Athènes）裡飲酒。

法國作家埃米爾‧左拉（Émile Zola）在撰寫他的小說
《小酒店》（L'assommoir）時，研究了巴黎窮人的酗酒問
題，他讚揚艾德加‧竇加為該書描繪的圖畫，並對他說：
「我在我書裡不只一處，把你的畫作描述得很清楚。」

《娜娜》（Nana, 1880）是左拉同名小說裡的妓女，她一沾苦艾酒就忘掉「男人的獸
性」。

07. 節錄自新雨出版社出版，郭宏
安翻譯的《惡之華》版本。

法國詩人哈伍勒・蓬雄（Raoul Ponchon）在他1886年的詩作《苦艾酒》（Absinthe）裡吐露：

苦艾酒，我打心底對你五體投地！
每當我，喝下你，
我彷彿迎向青翠森林的靈魂，在美麗的綠色季節裡。

你的香味讓我難以招架，
而在你變幻的乳白色光裡，
我透過開著的門，看到昔日完美的天堂！

哈伍勒・蓬雄

法國畫家保羅・高更在1897年寫信給朋友時講到：「我坐在我家門口，抽著煙，小口喝著苦艾酒，我享受每一天，遠離俗世、無憂無慮！」

文森・梵谷跟苦艾酒接觸，是經過亨利・德・土魯斯－羅特列克和高更牽線的。歷史學家推測，他可能已經沉迷在松節油類的化學物質裡，它們存在於樟腦（camphor）、松節油（turpentine）和苦艾酒內。他這種渴望，可以解釋他那眾人盡知的喜歡吸油漆、松節油和苦艾酒癖好。

畢卡索1901年20歲時抵達巴黎，並持續創作了許多描繪苦艾酒飲者的畫作，其中包括所謂的畢卡索的藍色時期（blue period）作品《喝苦艾酒的女人》（Woman Drinking Absinthe, 1901）。

《苦艾酒杯》（Glass of Absinthe）六件組之一，1914 年畢卡索在巴黎用青銅鑄造而成，每件造形都相當獨特。

巴黎的派對動物

苦艾酒神話能壯大，大多有賴於詩人亞瑟・韓波和保爾・魏爾倫這對地獄情侶。他們喝到醉眼朦朧，在巴黎過著放逐自我、浪跡天涯、不受社會制約的波西米亞風格生活。孩子氣又不負責任的韓波開始成為與苦艾酒有關的危險、神祕和浪漫的代名詞，艾倫・金斯堡（Allen Ginsberg）後來稱韓波為「第一位龐克詩人」（the first punk），而且是1950年代垮掉的一代的啟蒙經典人物。韓波還影響了超現實主義者，以及後來的巴布・狄倫（Bob Dylan）、吉姆・莫里森（Jim Morrison）和帕蒂・史密斯（Patti Smith）等詞曲創作者。魏爾倫雖然在當時是文學金泰斗，在業內享有崇高聲譽，但他的名聲將永遠與韓波連在一起。

1871年，韓波還是來自法國亞爾丁地區（Ardennes）的17歲無名小卒時，他將一些詩作寄給了巴黎的幾位知名詩人，其中有一首是他16歲時寫的，現在則是著名的《醉舟》（Le bateau ivre）。

亞瑟・韓波

保爾・魏爾倫

他收到的唯一回應來自傑出的象徵主義詩人保爾・魏爾倫，後者比他大10歲。魏爾倫受到這位早熟的年輕才子所吸引，並邀請韓波到巴黎——「來吧！親愛的偉大靈魂！我們恭候你的光臨！我們渴望你！」他回信給韓波，然後寄了一張單程票給他。

儘管在韓波的作品中很少提及苦艾酒，但眾所皆知，他在遇見魏爾倫之後不久就迷上綠色精靈了，兩人成為巴黎皮加勒廣場上死老鼠咖啡館（Le Café du Rat Mort）的忠實顧客，並以一醉酒就人來瘋和粗俗舉止的名號響遍巴黎。魏爾倫曾說過：「如果我喝酒，就是要喝醉，不是喝而已！」

韓波認為飲酒和吸食其他麻醉劑（例如大麻）可不是在尋歡作樂，而是他寫作過程中必不可少的，他正在找一種新的詩歌語言。在前往巴黎之前，他曾寫信給一位友人談起：「詩人因長期、不可思議、又理性的感官障礙失調，而使自己成為先知！」在巴黎，苦艾酒就是滿足這些需求的法寶。

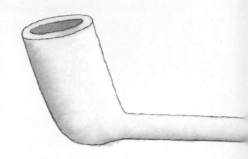

描繪韓波的圖像裡常見到的陶土煙斗，是當時法國流行的 Scouflaire 品牌。

倫敦公寓（8 Royal College Street），兩位詩人 1873 年曾在此短暫居住。

雖然魏爾倫跟馬蒂德·莫特結婚（Mathilde Mauté），但他和韓波曾像飛蛾撲火般短暫虐戀。年紀較輕的韓波深不可測的早慧天分和放蕩不羈任意妄為，使魏爾倫對他傾倒。在角色互換上，韓波將自己視為魏爾倫的導師，他慫恿比他年長的魏爾倫要驅逐作品中資產階級那種婆媽的感性。

魏爾倫1872年拋下妻子和襁褓中的孩子，跟韓波私奔到法國北部和比利時，兩人動不動就吵架；1873年，韓波休停戰火，回他老家岩石村（Roche）的農場休息一陣子，在那兒寫下不朽的散文詩集《地獄的一季》（Une saison en enfer）的大部分內容。

醉漢（Les poivrots）。1907 年，法國諷刺雜誌《黃油盤子》（L'Assiette au Beurre）封面描繪了魏爾倫（由藝術家古斯塔－亨利·約瑟特（Gustave-Henri Jossot）創作）。

131

幾週後，他又重新回到魏爾倫身邊，一起遊遍倫敦和比利時。他們激烈扭曲又糾葛不斷的情感，在布魯塞爾以暴力事件收場。當時魏爾倫喝醉，惱羞成怒用左輪手槍開了兩槍，韓波左手腕被射傷，魏爾倫被捕並入獄兩年，在那裡他棄絕了波西米亞式生活，並皈依天主教。

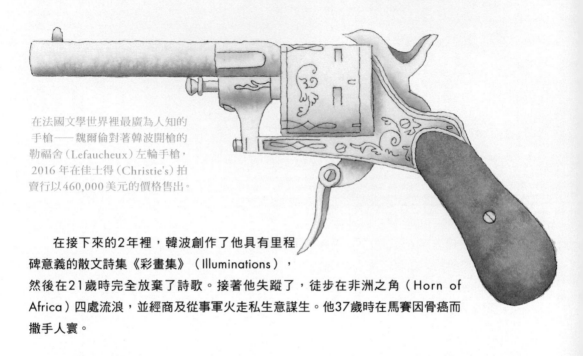

在法國文學世界裡最廣為人知的手槍——魏爾倫對著韓波開槍的勒福舍（Lefaucheux）左輪手槍，2016年在佳士得（Christie's）拍賣行以460,000美元的價格售出。

在接下來的2年裡，韓波創作了他具有里程碑意義的散文詩集《彩畫集》（Illuminations），然後在21歲時完全放棄了詩歌。接著他失蹤了，徒步在非洲之角（Horn of Africa）四處流浪，並經商及從事軍火走私生意謀生。他37歲時在馬賽因骨癌而撒手人寰。

在魏爾倫的監督下，1895年出版韓波的作品全集，已故的韓波因而蜚聲藝林。苦艾酒一直是魏爾倫生死不渝的同伴，直到他去世為止——他享年51歲，在巴黎因酗酒而赴黃泉，且生活貧困。

苦艾酒在美國

苦艾酒1837年化身為「北美小巴黎」揮軍美國，登陸紐奧良！率先端出它的則是名為艾歷克斯咖啡屋（Aleix's Coffee House）的酒吧，該酒吧在城鎮一帶人稱「苦艾酒室」，後來，1890年，它正式改名為「舊苦艾酒屋」，該酒吧最後成為當地的地標，那裡的薩茲拉克是干邑白蘭地與苦艾酒的調飲，有些飲料

薩茲拉克

歷史學家認為它是美國最古老的調酒，馬克・吐溫、威廉・梅克比斯・薩克萊、華特・惠特曼（Walt Whitman）和奧斯卡・王爾德都曾光顧此地。

《道林格雷的畫像》

奧斯卡・王爾德是苦艾酒傳說裡的關鍵人物，因為對苦艾酒有些令人難忘的描述都是由他而來，但這些名言卻無法從他的任何大作裡找到蛛絲馬跡，倒是可以追溯至朋友和其他作家的傳聞。

王爾德因猥褻罪從英國監獄獲釋後，1897年逃往法國。這位《道林格雷的畫像》（The Picture of Dorian Gray, 1890）和《不可兒戲》（The Importance of Earnest,1895）的大作家其實是個酒鬼，而且很可能是在他入籍的法國，有人引進苦艾酒給他。

奧斯卡・王爾德

他的朋友阿達・萊弗森（Ada Leverson）在她的書《奧斯卡・王爾德給斯芬克斯的信：有作者的回憶錄》（Letters to the Sphinx from Oscar Wilde: With Reminiscences of the Author, 1930）裡敘述王爾德對苦艾酒最聞名遐邇的沉思，它討論的就是苦艾酒如何改變這位醉鬼的世界觀：「第一杯酒後，想看什麼都能隨心所欲，再一杯眼前還有太虛幻境，最後觸目所及盡是無比真實，那是世上最恐怖的事！」

HUH?

在很多持續流傳開的關於埃德加・愛倫・坡的奇談裡，都提到他視苦艾酒為寶的事。喝苦艾酒跟這位精神錯亂的藝術家的故事可能是互相呼應的，但沒有證據能佐證他是苦艾酒一杯接一杯、或甚至知道苦艾酒的人。

瓶子裡的魔鬼

　　到1800年代後期，在苦艾酒行情走俏的同時，也出現民眾有增無減的歇斯底里現象，以及認為它會危害社會的反苦艾酒聲浪。就像1970年代的五氯酚（PCP）瘟疫 **08**，或1930年代的《大麻瘋狂》（Reefer Madness）恐慌 **09** 一樣，飲用的人各種荒唐古怪的行為，一律被歸因於苦艾酒內含涉嫌會刺激精神類的物質。當時認為苦艾酒含有一種叫做側柏酮（thujone）（艾草油中的活性成分）的化學毒素，它會破壞中樞神經系統。

　　1869年倫敦的某製藥期刊引用了《帕爾默爾公報》（Pall Mall Gazette）的一篇文章，其中詳細介紹了攝取苦艾酒的不良影響：

　　一段時間後，消化器官變得混亂……現在會產生持續不安感、痛苦焦慮感，並伴隨著頭昏眼花、耳鳴震聾和刺痛感；當這一天近尾聲時，會開始出現視覺幻覺和幻聽……他的大腦受到某種精神萎靡的影響，讓言行極端愚蠢的問題益發嚴重……最後，智力會全部喪失、全身麻痺癱瘓甚至死亡。

---

08. PCP（Phencyclidine）俗稱天使塵（Angel dust），歐美常見之濫用藥物，1970年代被美國認定為引起幻覺並致使負面影響的藥物。

09. 1936年由教會投資的電影《大麻瘋狂》（Reefer Madness）將大麻與強姦、偷竊、謀殺連在一起。

有一派說法是，文森·梵谷可能從苦艾酒攝取了側柏酮，於是加劇了精神錯亂，從而激發出他聲名狼藉的1888年割耳事件。此事真相或許永遠不得而知，但它後來在反苦艾運動中被用作宣傳利器。

文森·梵谷

英國小說家瑪莉·柯蕾莉（Maria Corelli）的著作《苦艾：一部巴黎的戲劇》（Wormwood: A Drama of Paris, 1890）記敘一位前途光明的巴黎年輕人淪為獵物，被苦艾酒蠱惑、最終招致滅頂之災的力量折磨。該小說描寫縱情酒色、謀殺、自殺和成癮的危言聳聽故事，順應了英國的法國恐懼症，以及大眾對頹廢的巴黎（十九）世紀末之迷戀。

F.·莫諾（F. Monod）1905年的海報創作——「苦艾酒就是死亡！」

1905年，名為尚·蘭弗雷（Jean Lanfray）的瑞士農民喝了一整天酒後（包括葡萄酒、干邑白蘭地和苦艾酒）槍殺了髮妻，媒體羶色腥報導此犯罪，刻意誇大、渲染和突顯負面內容，稱它為「苦艾酒謀殺案」。歐洲的禁酒運動份子逮到機會，詆毀苦艾酒不僅危害健康，還令人道德敗壞；隨後引起恐慌，導致人民連署請願呼籲禁止苦艾酒。比利時1905年對苦艾酒下禁令，跟進的還有1910年的瑞士和荷蘭以及1912年的美國，法國則試圖提高苦艾酒稅率，希望抑制需求（1907那年，法國的國庫有6千萬法郎稅金就是苦艾酒貢獻的），最後讓步，1915年時實施禁苦艾酒。

苦艾酒生產商保樂在被迫遵守反苦艾法後，1922年時推出了有名的法國茴香酒（pastis），它至今仍是銷路最好的品牌，保留了苦艾酒的茴香風味，但不加苦艾。

《奪命綠色精靈》（Slain Green Fairy），1910年由藝術家亞伯特·甘特納（Albert Gantner）創作的諷刺海報，批評禁酒主義橫行的瑞士禁絕苦艾酒。該藍色十字架是國際藍十字聯合會（La Croix Bleue）的標誌，它是勢力龐大的禁酒組織。

海明威和苦艾酒

禁令生效後，仍然可以在巴黎非法獲得苦艾酒，但海明威很可能是在前往西班牙赴任工作時結識了苦艾酒，西班牙是為數不多的苦艾酒仍然合法的歐洲國家之一。

綠色精靈出現在《太陽依舊升起》（The Sun Also Rises）中：勃萊特夫人（Lady Brett）與西班牙鬥牛士幽會後，被愛沖昏頭的傑克·巴恩斯（Jake Barnes）借苦艾酒澆愁。

初版，1940 年由斯克里布納之子公司出版社（Charles Scribner's Sons）出版。

　　海明威在1930年代後期擔任記者，報導西班牙內戰（Spanish Civil War），他當時就熱烈追逐苦艾酒。戰地記者的體驗給他靈感，使苦艾酒又再次回到了他的小說中，《戰地鐘聲》（For Whom the Bell Tolls, 1940）的主角羅伯特·喬丹（Robert Jordan）去軍中福利社啜飲苦艾酒，在戰亂裡喘口氣休息：「來杯苦艾酒，就算不看任何晚報也無妨，還抵得過在咖啡館消磨過的那些夜晚，更讓人毫不留戀本月現在即將盛開的所有栗樹……彌補得上他享受過而且遺忘的所有事物，而他一嚐到這不透明、味苦、令人痲痺、溫暖他的頭腦和胃、讓人轉念的點石成金苦艾酒時，那些事物又重回他身上！」

一本在1935年出版的書，名為《鼻子變紅：或——在下午呼吸》（So Red the Nose: or—Breath in the Afternoon），其內容廣搜名作家的調酒配方，書中包括海明威的酒譜《午後之死》（Death in the Afternoon），取名自海明威1932年出版、描寫西班牙鬥牛的同名書籍：「將放在量酒器裡的苦艾酒倒入香檳杯中，加入冰鎮的香檳，直到把酒調製成標準的乳白色乳狀；慢慢喝3到5杯。」

有位編者在該酒譜結尾備註：「喝過六杯《午後之死》調酒後，《太陽依舊升起》！」

綠色精靈迎來自己的春天

　　大眾對苦艾酒的態度改變，也讓禁令隨之放寬並推翻。1988年，歐洲聯盟再次將苦艾酒合法化，只要它裡面的側柏酮含量不超過10毫克／公斤。1990年代苦艾酒捲土重來，當時英國烈酒進口商BBH烈酒（BBH Spirits）發現英國從未正式禁止苦艾酒，即開始從捷克進口希爾苦艾酒（Hill's Absinth），這種「波西米亞風格的苦艾酒」跟經典苦艾酒幾乎沒有相似之處，卻為更忠實於原始配方的品牌奠定了基礎。

　　2005年，苦艾酒的原產國瑞士再度將苦艾酒生產和銷售合法化（經過多年的非法生產後）；2007年，在釀酒公司和經銷商施壓下，美國成為最後一個取消苦艾酒禁令的西方主要國家；2007年下半年，第一個美國苦艾酒品牌——加州聖喬治蒸餾廠的聖喬治綠苦艾酒（St. George Absinthe Verte）首次亮相，為現在生產該產品的全美國大批微型酒廠敞開了機會之門。

　　從前苦艾酒是展現神祕波西米亞風格的繆斯女神，雖然當時的盛世不在，但如今，它既是寓言中的偶像、又是文青珍品，因此在某種程度上，它又重現江湖了！

MEZCAL & TEQUILA

第七章　梅斯卡爾與龍舌蘭

龍舌蘭酒是蠍子蜂蜜、犬國的澀口露水、阿茲特克（Aztec）的精髓、仙人掌的奶油脂；龍舌蘭酒油滑又炙熱，一如在溶液中的陽光；龍舌蘭酒是激情的酒幾何學；龍舌蘭酒是紅頭美洲鷲神，祂跟垂死處女的升天靈魂在空中交配；龍舌蘭酒是在好味道房子裡的螢火蟲；噢！龍舌蘭酒，具有法術的野人之水，在隱祕之處釀製而成的你離經叛道，確實會引起混亂和禍害呀！

——湯姆・羅賓斯，《啄木鳥的靜物寫生》（**Still Life with Woodpecker, 1980**）

儘管有悠久的歷史，可以追溯到幾個世紀以前的前哥倫布時期，但在第一次世界大戰之前，除了墨西哥以外的地方，梅斯卡爾酒（mezcal或mescal）以及它流傳久遠的類型：龍舌蘭酒，仍然鮮為人知。

阿茲特克晚期（西元 1350 至 1520 年）的陶瓷製龍舌蘭酒容器。

因此，做為酒類，它令北美和歐洲現代作家發揮創意靈感、寫作事半功倍的背景故事，遠不及本書介紹的其他烈酒那麼轟轟烈烈。如今，梅斯卡爾和龍舌蘭已成為代表墨西哥民族的重要象徵。

馬亞韋爾（Mayahuel）是代表龍舌蘭植物和象徵豐饒的阿茲特克女神，大家常把祂描繪成身上有許多乳房，代表龍舌蘭植物的乳汁。

中部美洲[01]眾神飲的金波玉液

　　梅斯卡爾酒的故事始於西元前1000年左右，阿茲特克人、馬雅人、瓦斯特克人（Huastec）和其他古代中部美洲文明，他們一起發酵龍舌蘭（agave）植物（也稱為黃邊龍舌蘭〔maguey〕）的汁液，製造出名為普逵酒（pulque）的乳狀飲料。根據古代神話，這種神聖的飲料是阿茲特克神靈羽蛇神（Quetzalcoatl）賜予人類提神用的。普逵酒是現代梅斯卡爾和特基拉龍舌蘭蒸餾酒的前身。

16世紀阿茲特克人的宗教文獻——馬格里亞貝奇亞諾手抄本（Codex Maglabechiano）中描繪的羽蛇神。

　　兩千多年來，這種龍舌蘭發酵酒專屬阿茲特克帝國的原住民獨享。直到1521年埃爾南·科爾特斯（Hernán Cortés）和同時期殖民者抵達此地攪局，姦淫擄掠之餘，這群入侵的西班牙征服者還抽出時間品嚐當地這款飲料。

　　他們對它喜歡透頂，千方百計要將它運回西班牙，但由於龍舌蘭植物內含細菌，使普逵酒迅速變酸，撐不過橫越大西洋的漫長航程。

埃爾南·科爾特斯

---

01. 又譯美索美洲（Mesoamerica），六大古代文明地區之一，範圍自中部墨西哥經貝里斯、瓜地馬拉、薩爾瓦多、宏都拉斯、尼加拉瓜，到哥斯大黎加北部。

墨西哥的早期釀酒廠

　　1600年代，阿爾塔米拉（Altamira）侯爵在如今的哈利斯科州（Jalisco）特基拉鎮（Tequila），建造了首座大型龍舌蘭酒廠，該地區的氣候和紅色火山土壤非常適合種植藍色龍舌蘭。而今天兩大龍舌蘭酒品牌則在18和19世紀推出。

　　第一個品牌是墨西哥金快活（Jose Cuervo），最初幾十年是由金快活（Cuervo）家族來生產梅斯卡爾。1795年，荷西‧瑪麗亞‧瓜達盧佩‧德‧金快活（José María Guadalupe de Cuervo）獲西班牙國王頒發了第一筆生產許可後接手製造。第二個品牌是1873年成立第一家釀酒公司的歐索沙（Sauza）家族，它們將這種由藍色龍舌蘭植物製成的飲料稱為「龍舌蘭酒」。而有「龍舌蘭酒之父」美譽的唐‧索諾必‧歐索沙（Don Cenobio Sauza）已鑒定藍色龍舌蘭是生產龍舌蘭酒的最佳品種。

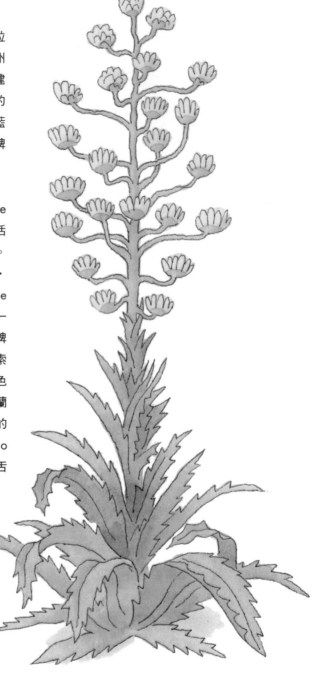

藍色龍舌蘭（Agave tequilana）

美國與龍舌蘭酒的相會！

唐・索諾必・歐索沙是出口龍舌蘭酒到美國的領頭羊。他在1893年芝加哥世界博覽會上推出了龍舌蘭烈酒（vino mescal），不僅與箭牌的「多汁水果口香糖」和好傢伙玉米花（Cracker Jacks）同台亮相，首次露面還抱回了7座獎項。

1916年，第一次世界大戰期間，沿著美國與墨西哥邊境訓練的美軍，於墨西哥提華納（Tijuana）、華瑞茲（Juárez）、新拉雷多（Nuevo Laredo）和馬塔莫羅斯（Matamoros）等城鎮結識了龍舌蘭酒。之後在禁酒期間，龍舌蘭走私客穿過德克薩斯州南部，越過邊境走私龍舌蘭入境，使龍舌蘭的知名度大增。加上第二次世界大戰時期，海外酒類出貨量銳減，也令龍舌蘭乘虛而入、大發利市。

金屬製克里斯多福・哥倫布（Christopher Columbus）開瓶器，它是1893年芝加哥世界博覽會提供的許多紀念品之一。

十年後的1958年，流行文化界擦亮了龍舌蘭的招牌——冠軍樂團（Champs）發行了《龍舌蘭酒》（Tequila），這是一首拉丁風味濃烈、歌詞僅一個字且用樂器演奏的黑膠唱片B面歌曲，它在《告示牌》流行排行榜上排名第一。

禁酒時期的龍舌蘭酒走私販會在一頭騾或驢子上載滿50個酒瓶（用麻線袋單獨包裝每個酒瓶，以降低玻璃碰撞的聲音）。

梅斯卡爾令這些人垂涎三尺

在西方文學中，有個不朽巨作處處充滿梅斯卡爾的影子，就是馬爾科姆・勞瑞（Malcolm Lowry）1947年的小說《在火山下》（Under the Volcano）。這位作者花了自己近十年的人生歲月寫作並重寫該書。《在火山下》故事背景為1938年11月2日，即墨西哥的亡靈節，書中詳述了住在墨西哥小城鎮庫埃納瓦卡（Cuernavaca）的英國領事傑佛瑞・費明（Geoffrey Firmin），其生命的最後時光。費明酗酒到無藥可救的地步，日復一日靠梅斯卡爾逃避現實、麻痺自我，對費明來說，梅斯卡爾不僅能減輕痛苦，還會讓他飄飄欲仙、心蕩神馳：「飄渺的霧氣似乎全都在舞動，像穿過彩帶的光芒那般捉摸不定的奧妙，在漂浮的星星點點彩虹碎片中。」

該小說以密集且引經據典的散文風格撰寫，且受到托馬斯・斯特恩斯・艾略特的《荒原》（The Waste Land）和喬伊斯的《尤利西斯》影響，在美國現代圖書公司（Modern Library）評選的20世紀百大最佳小說中排名第11位。

馬爾科姆・勞瑞的童年生活總是重複著相同情節：年輕藝術家因保守霸氣父親的管教而煩躁不安。勞瑞是富有棉花仲介商之子，在英國劍橋附近的雷斯中學（Leys School）度

過少年時期（作者出生於1909年，時年14-18歲），此處是詹姆斯・希爾頓（James Hilton）博得滿堂彩的小說和戲劇《再見，奇普斯先生》（Goodbye, Mr. Chips, 1934）的故事背景。在學校時，勞瑞找到畢生要追求的雙重嗜好——寫作和喝酒。傳說他從14歲時就開始喝酒。

後來，為了擴展生活經驗，勞瑞成為某艘前往遠東的輪船甲板水手，然後在劍橋的聖凱瑟琳學院（St. Catherine's College）重拾學業。

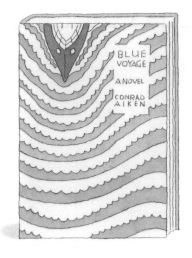

20歲時，勞瑞寄了一封狂熱的粉絲信給他的偶像，美國詩人、小說家暨同樣嗜酒成性的康拉德・艾肯（Conrad Aiken），於是讓兩人結成生死之交。勞瑞第一本小說的書名為《群青》（Ultramarine, 1933），調皮地借鑑了艾肯1927年的小說《藍色旅途》（Blue Voyage），因為他實在太喜歡這本書。

勞瑞很可能親手拿到了這本英國發行的初版作品，1927 年由倫敦的杰拉爾德・豪出版社（Gerald Howe）出版。

庫埃納瓦卡的科爾特斯宮（The Palace of Cortés）是征服者埃爾南・科爾特斯的設防住所，1526 年興建。

有次與艾肯一起去西班牙旅行時，勞瑞遇見了他的第一任妻子，名為簡·嘉布里雅（Jan Gabrial）的美國人。他們1934年在法國結婚，之後卻夫妻反目，主要是由於他沉淪酒海。

2年後，兩人形同陌路，為了挽救他們的婚姻，這對夫婦搬到瓦哈卡州的庫埃納瓦卡這座墨西哥城。

勞瑞住在梅斯卡爾的祖國，要沉醉在當地這種龍舌蘭烈酒中真是占盡地利之便！1930年代的梅斯卡爾，缺乏現代版本的滑順感，《在火山下》的主角領事還形容它嚐起來「像10碼的帶刺鐵絲網一樣」。勞瑞跟多數醉鬼不同，在酒精誘惑下，他仍筆耕不輟，他離開小酒店時，身上很少會有低於4頁的手寫筆記。

《在火山下》有另一段文字，是他從小酒店酒吧高腳椅上，描述那位領事觸目所及的景象：「在酒吧後面，用一個旋轉的夾子，懸掛著一個美麗的瓦哈卡州（Oaxaqueñan）壺，那是梅斯卡爾酒陶壺（olla），用這個容器可以測量他的酒。兩側陳列著特南帕（Tenampa）、貝雷特加（Berreteaga）、陳年龍舌蘭（Tequila Añejo）的瓶子……他在這裡很安全，這是他魂牽夢縈的地方——是庇護所，是他絕望的天堂。」

瓦哈卡州黑黏土（barro negro）梅斯卡爾酒陶壺，約 1930 年代。

一年後，妻子遺棄了他；然而，在絕望的深淵裡，他仍振奮精神、投入寫作，構思了之後將出版的《在火山下》。飲酒過度最後讓他被關進瓦哈卡監獄，隨後在1938年被驅逐出境。

他隱退到洛杉磯，在那裡繼續鑽研《在火山下》的草稿，聘請了一位代理人到處兜售手稿，但被12家出版商退件。在奮鬥過程中，他遇到一位志向遠大的神祕作家——瑪潔麗·波納

瑪潔麗·波納

（Margerie Bonner）並墜入愛河。勞瑞的美國簽證過期後，他越過邊境前往北方，最後在英屬哥倫比亞省多拉爾頓（Dollarton）區占據新開墾地的居民用小屋安頓下來，波納也緊緊相隨，1940年12月2日兩人成婚。儘管婚姻摩擦衝突不斷，但夫妻倆在加拿大度過的這近15年，是勞瑞一生中最快樂的時光。

勞瑞在波納傾力編輯協助下，一心一意專注在修改他的巨著上，「我們日夜聯手催生這本書」，他寫信告訴艾肯。到1944年底，最後草稿大功告成。

《在火山下》1947年終於出版，它廣受讚譽、流芳百世，獲推崇為喬伊斯接班人的勞瑞聲譽鵲起，不久後卻迷失在酒精裡。他給瑪潔麗母親的信裡有句真心話：「成功搞不好是任何認真的作家所遇到再糟糕不過的事！」

荷西·瓜達盧佩·波薩達（J. G. Posada）**02** 1910 年創作的亡靈節瓦哈卡州骷髏頭（Calavera Oaxaqueña）。

他擔心自己可能再也寫不出像《在火山下》一樣出色的書，而且他是對的——儘管他繼續經營其他著作，但他從未再出過書。

這對夫婦在歐洲各地生活了一年，他在當地鬧酒鬧得愈演愈烈，在法國還差點把瑪潔麗勒死。他們倆1949年回到多拉爾頓，在那裡勞瑞短暫酒醒了，並根據法蘭西斯·史考特·基·費茲傑羅的《夜未央》（Tender Is the Night）合寫了電影劇本，米高梅電影公司很感興趣，但該電影胎死腹中。他們夫婦1954年永遠離開多拉爾頓，最終定居在英國索塞克斯郡（Sussex），勞瑞因酗酒而接受治療，瑪潔麗則神經衰弱不得不接受治療，還長期鬱鬱寡歡。

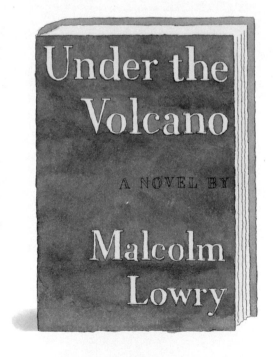

初版 1947 年由紐約雷納爾和希區考克出版社（Reynal & Hitchcock）出版。

---

02. 墨西哥版畫家暨政治插畫家，他創作的卡特里娜骷髏頭（La Calavera Catrina）是墨西哥藝術裡與亡靈節的重要圖騰。

1957年6月26日，死亡降臨在勞瑞身上，他的死因成謎，瑪潔麗在他們於瑞普（Ripe）村租的小屋樓上發現了他的屍體，驗屍發現他體內有酒精和巴比妥類藥物（barbiturate）**03**，驗屍官判定他的死因為「意外事故」──大概是喝多了吧。

瑞普村的白色小屋。

　　勞瑞的至親好友則認為他根本不是自殺，2004年，戈登·鮑克（Gordon Bowker）在《泰晤士報文學增刊》（Times Literary Supplement）上撰文指出，瑪潔麗在忍受了勞瑞多年的劣行後，對他殞沒一事可能占有一定因素。她長期以來一直習慣給他補充維生素，讓他解宿醉。鮑克斷定，對她來說，要給勞瑞這位毫無戒心的作家服用致命劑量的藥物（而非維生素），是輕而易舉的事。

　　勞瑞為自己寫了墓誌銘：

馬爾科姆·勞瑞
午夜徘徊在包厘街（Bowery）**04**

他的散文詞藻華麗
時不時有靈光之作
他是夜行動物，天天與酒為伴，彈烏克麗麗時升天！

　　回顧自己嗜酒無度的行為，勞瑞也曾下評論：「在濫用自己才能的神祕主義者的要命痛苦裡，醉漢的痛苦不堪找到了它們自己最準確的詩意狀似物（poeticanalogue）。」

白色小屋上的紀念牌匾。

---

03. 中樞神經系統的鎮靜劑，應用範圍可從輕度鎮靜到完全麻醉，還可以用作抗焦慮藥、安眠藥、抗痙攣藥，長期使用則會導致成癮。
04. 美國紐約州紐約市曼哈頓南部的一條南北向街道和小型街區。

特基拉VS.梅斯卡爾

梅斯卡爾（mezcal）這個字來自納瓦特爾語（阿茲特克人的語言）的mexcalli，意思是「烤爐煮熟的龍舌蘭」。梅斯卡爾是以龍舌蘭為原料製作的任何蒸餾烈酒，特基拉龍舌蘭（tequila）是一種梅斯卡爾，就像蘇格蘭威士忌和波本威士忌都是威士忌的一種一樣。特基拉龍舌蘭必須由藍色龍舌蘭製成，梅斯卡爾的原料則是逾30種不同的龍舌蘭、或黃邊龍舌蘭（maguey）。

龍舌蘭酒在墨西哥5個不同的地區生產，但主要在哈利斯科州（Jalisco）特基拉市 **05**（Tequila）周圍的特定地區製作；梅斯卡爾則在墨西哥的9個地區生產，其中大部分在瓦哈卡州生產。特基拉製梅斯卡爾酒（Mescal de tequila）是第一個按其原產地進行分類和認可，並且是唯一以自己的名字獲國際認可的梅斯卡爾。這兩種烈酒都是採收龍舌蘭球莖的芯（或稱為piña **06**）製成的，但它們的蒸餾方法有所不同。現代龍舌蘭酒通常是將龍舌蘭慢慢蒸熟，然後在銅鍋中蒸餾幾次而製成的。

當今的工藝蒸餾梅斯卡爾是用傳統方法製成的——在地面挖坑將龍舌蘭烤過之後，放到露天大桶中自然發酵，而後在陶罐中蒸餾。這些地窖裡到處可見熔岩，並塞滿木材和木炭，散發出獨特的煙燻味，而梅斯卡爾就是以這種煙燻味成名的。

希瑪竇（jimador）**07** 使用他的主要生財器具 coa de jima **08**（收割圓刀）採摘龍舌蘭植物。Piña，或稱為龍舌蘭球莖的芯，則用於製作梅斯卡爾和龍舌蘭。

---

05. 又譯「太基拉」或「鐵奇拉」。

06. 西班牙語為鳳梨，在植物學上，指的是龍舌蘭的鱗莖部份。

07. 墨西哥當地採集、挑選龍舌蘭的農工。

08. 專門收割龍舌蘭的古老工具，就像大砍刀一樣，可用來切除龍舌蘭的葉子，留下Piña。

是誰幫助梅斯卡爾重獲新生？那是南加州藝術家暨梅斯卡爾進口商羅恩・庫珀（Ron Cooper）的功勞，他說明了蒸餾和炭化（charring）之間的區別：「製作特基拉，就像從煮洋蔥開始⋯⋯梅斯卡爾的生產流程，則像從烤洋蔥讓它變成焦糖開始。」

在2015年的一次採訪中，有人問備受尊敬的墨西哥作家暨記者埃琳娜・波尼亞托夫斯卡（Elena Poniatowska）偏愛特基拉還是梅斯卡爾時，答案是：「特基拉——我是保守分子啊！」

科阿韋拉州

新萊昂州

墨西哥的梅斯卡爾和特基拉酒區

梅斯卡爾

特基拉

CHIHUAHUA

契瓦瓦州

COAHUILA

NUEVO LEÓN

杜蘭戈州　DURANGO

TAMAULIPAS　塔毛利帕斯州

SINALOA

ZACATECAS

錫那羅亞州

薩卡特卡斯州

SAN LUIS POTOSÍ

納亞里特州　NAYARIT

聖路易斯波托西州

特基拉市　Tequila

GUANA-JUATO

伊達爾戈州

哈利斯科州　JALISCO

HIDALGO

瓜納華托州

MICHOACÁN

MEXICO

VERACRUZ

維拉克魯斯州

米卻肯州

GUERRERO

PUEBLA

墨西哥州

格雷羅州

OAXACA

• Oaxaca　瓦哈卡市

普埃布拉州

瓦哈卡州

前進墨西哥

龍舌蘭酒與垮掉的一代有過短暫牽連。文學運動中最具代表性的人物裡有兩位：傑克・凱魯亞克和威廉・布洛斯，他們在邊境以南生活了相當長的一段時間。「不要喝酒喝到醉，喝酒是在享受生活的！」曾這樣表示過的凱魯亞克嗜喝瑪格麗特（Margarita）；布洛斯則每每都把龍舌蘭，當作在異鄉替代他思念的伏特加和可樂來喝。

瓊・福爾默

1951年，布洛斯和他同居多年的妻子詩人瓊・福爾默（Joan Vollmer），住在墨西哥城，他們在那裡習慣了整天都喝廉價的龍舌蘭。9月6日，又是與朋友狂飲的夜晚，醉得很嚴重的布洛斯揮舞著手槍，向妻子唸唸有詞：「是時候來開始我們自己的威廉・泰爾（Wilhelm Tell） **09** 了！」福爾默笑著將一杯琴酒放在她的頭頂上，沒有人來得及提出異議，布洛斯就瞄準開槍了，直接擊中她的額頭……她香消玉殞，被裁定為意外身亡，這讓布洛斯餘生籠罩在陰影裡。

扮成「威廉・泰爾」的威廉・布洛斯

---

09. 布洛斯不小心誤殺第2任妻子，他一開始表示當時在跟她玩「威廉・泰爾」特技。威廉・泰爾是14世紀時的農民，也是瑞士傳說中的英雄。當時暴君要泰爾一箭射中放在泰爾兒子頭上的蘋果，才釋放沒向皇家敬禮的泰爾父子，結果泰爾成功射中蘋果；後來人民揭竿而起，泰爾持十字弓讓暴君斃命。

瑪格麗特調酒

　　凱魯亞克很可能是在1952年，從亞利桑那州邊界到墨西哥市的公車旅途中，有人介紹瑪格麗特酒給他，他在50、60年代回到墨西哥6次。他告訴艾倫·金斯堡，當他坐在馬薩特蘭海岸沿岸時：「那是我有生以來最神祕蕩漾的時刻！」

傑克·凱魯亞克

　　1940年代之前，在墨西哥以外之處，龍舌蘭根本是聞所未聞的。佩勒姆·格倫維爾·伍德豪斯爵士書裡的某位角色點過「他們叫它墨西哥飲料的小小一杯濃酒——不，我記不得名字……可是馬上就想起來了！」瑪格麗特則會在這種情況裡扭轉乾坤！

　　沒有人確實知道是誰發明了這種調酒，但數不盡的傳說把它的源頭指向各處。從墨西哥的阿卡普科（Acapulco）、提華納、恩瑟納達（Ensenada）或華瑞茲，一直到美國的加爾維斯敦（Galveston）或聖地牙哥都有，這種故事比比皆是。有種民間說法則認定創作它的人是墨西哥餐館老闆卡洛斯（丹尼）·埃雷拉（Carlos〔Danny〕Herrera），1938年他為一位名叫瑪喬莉·金（Marjorie King）的齊格飛富麗秀 **10** 歌舞女郎所創作的。她對龍舌蘭以外的所有酒精過敏，但她無法直接品嚐嗆辣的龍舌蘭。於是埃雷拉添加了鹽和萊姆，使味道變得更美味。

好萊塢新秀瑪喬莉·金登上復古的
法國八卦雜誌。

10. 齊格飛富麗秀（Ziegfeld Follies）是
　　1907至1931年在紐約市百老匯登場
　　的一系列歌舞劇。

調酒歷史學家大衛・溫德里克（David Wondrich）認為，瑪格麗特是從一種叫做黛西（daisy，又譯戴茲）的調酒演變而來的。黛西是1930和40年代的當紅炸子雞，作法是把琴酒或威士忌、柑橘汁和紅石榴糖漿 **11** 都倒在刨冰上盛出即可。原始的龍舌蘭黛西（Tequila daisy）包含橙酒、萊姆汁和少量蘇打水。美國境內首次提到「龍舌蘭黛西」，是1936年編輯詹姆斯・格雷安（James Graham）在愛荷華州周報《莫維爾郵件》（Moville Mail）上講述參訪墨西哥的事時提及；1953年12月號《君子雜誌》裡，名為「瑪格麗特」的酒譜首次刊載在出版品中。之後歸功於1950年代的流行廚房用具——威力（Waring）食品調理機，曾紅極一時的霜凍（或混合）**12** 瑪格麗特（對非純酒不喝的人來說是夢魘！）得以誕生。

經典（非混合/非霜凍調製）瑪格麗特酒作法：

材料：
1盎司（29.57毫升）君度橙酒、triple sec
或其他橙酒
2盎司（59.15毫升）白色龍舌蘭（Blanco
tequila）
¾盎司（22.18毫升）現榨萊姆汁
在酒杯口邊上沾的猶太鹽（可沾可不沾）
萊姆角作裝飾

將材料加到裝滿冰的雪克杯裡並搖動，濾去舊冰塊倒進裝滿新冰塊的冰鎮調酒杯中，並繞著杯口邊緣抹上鹽（假如使用鹽），再用萊姆角裝飾。

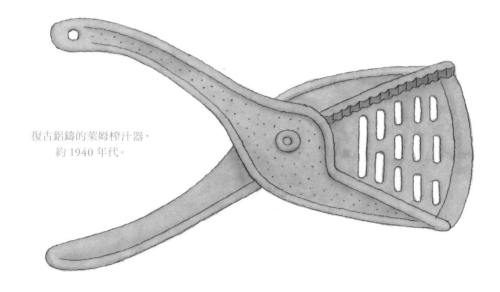

復古鋁鑄的萊姆榨汁器，
約 1940 年代。

拉丁美洲文學「爆炸時期」

1960和70年代拉美文學風起雲湧，即拉丁美洲文學爆炸時期（El Boom） 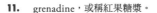 。墨西哥詞人卡洛斯‧富恩特斯（Carlos Fuentes）與加布列‧賈西亞‧馬奎斯（Gabriel García Márquez）和馬利歐‧巴爾加斯‧尤薩（Mario Vargas Llosa）皆為代表人物。

在他享譽文壇的小說《阿爾特米奧‧克羅斯之死》（The Death of Artemio Cruz, 1964）中，他將梅斯卡爾用作具有人文特質的招供藥物。書中主角在揭發墨西哥革命（Mexican Revolution）的失敗承諾後，因為一連串由酒精引起的回憶閃現，讓他回想起他為何以青年軍人的身分犯下暴行：「在黑暗中，他感受到一瓶梅斯卡爾，但這不會成全他去遺忘，只會加速他去回憶。他會回到海灘和岩石，而白色梅斯卡爾同時在他體內燃燒……有酒，要撒謊、編美麗的謊言，都能一步登天。」

卡洛斯‧富恩特斯

有蟲有仙氣？

龍舌蘭裡向來沒有蟲，但有些來自瓦哈卡的梅斯卡爾通常就會加蟲（con gusano）販售。這裡提到的蟲，實際上是以黃邊龍舌蘭植物為食的蛾類幼蟲，有蟲跟次級品可以劃上等號。這種蟲據信是種行銷噱頭，始於1940和1950年代。當龍舌蘭愈來愈受歡迎，便用此方法帶動梅斯卡爾的銷量。誑稱吞食這蟲後會讓人活力滿滿、幻覺四起，只不過是為它增添神祕的光環而已。

出現在幾款平價的瓦哈卡梅斯卡爾品牌上的卡通圖案 gusano rojo（紅色蟲蟲）。

---

11. grenadine，或稱紅果糖漿。

12. 調酒中所謂混合法調製，就是加冰塊打成冰沙，又稱霜凍調製，或霜凍調酒。

13. 指文學運動，此段期間一大批相關拉丁美洲作家的作品風靡歐洲，最後並席捲全世界。

印第安人保留區淪陷成酒鄉

短篇小說和詩歌集《戰爭之舞》（War Dances, 2009）獲頒2010年筆會／福克納小說獎（PEN/ Faulkner Award for Fiction）的美國原住民作家薛曼· 亞歷克西（Sherman Alexie），九成寫作題材都圍繞在飲酒對美國原住民社區造成了惡果上。他在華盛頓州東部的斯波坎印第安人保留區（Spokane Indian Reservation）長大，家裡人酗酒是司空見慣的事，近朱者赤、近墨者黑的他大學時代天天都喝光750毫升的龍舌蘭。

薛曼·亞歷克西

2009年接受「大思想」網站（Big Think）採訪時，亞歷克西回答了一個問題：究竟酒對作家是損友還是益友？「所以，就我絕望的那些年來看，我的經驗談肯定可以講個沒完沒了……酒喝不停的那幾年把我推向寫作巔鋒，讓我推出2本著作，在文壇占有一席之地；但事實上，這正是彩雲易散、好物難以持續……假如要靠外在物質來激發創意，藝術生涯只會曇花一現。」

他23歲時，跟酒斷交。

ENTERING
Spokane Indian
Reservation

在邊境的外國佬
（尤指在拉丁美洲的英國人和美國人）

山姆・謝普（Sam Shepard）並沒有為龍舌蘭寫頌歌，但他和他作品裡的人物都是出了名地熱愛龍舌蘭。譬如：艾迪（Eddie）隨身都會攜帶一瓶龍舌蘭，他是1983年劇作《愛情傻子》（Fool for Love）裡的主角，一個為酒而活的牛仔。

戈馬克・麥卡錫（Cormac McCarthy）在他的「邊境三部曲」小說裡，都將梅斯卡爾融入了他揚棄標點符號的作品中。

山姆・謝普

戈馬克・麥卡錫

在《血色子午線》（Blood Meridian, 1985）裡，某位男屍被切斷的頭部在「裝著梅斯卡爾的玻璃罐」裡漂浮著，並公開展示在某座墨西哥廣場；《天下駿馬》（All the Pretty Horses, 1992）**14**裡的年輕牛仔分享了不少瓶裝梅斯卡爾。在某個場景裡，有位墨西哥警察隊長講了個故事：「我那時候跟這些男生在一起，他們有一些梅斯卡爾和一堆好貨。你知道梅斯卡爾是什麼嗎？──那時是這個女人，然後這些男生們都為了這個女人出去了，然後他們佔有這個女人。」

在《越界》（The Crossing, 1994）裡，主角比利・帕拉姆（Billy Parham）拒喝梅斯卡爾：「你想喝那臭氣薰天的劣等酒來取代香醇的美國威士忌……請便！」

---

14. 又譯《所有漂亮的馬》、《愛在奔馳》。

鹽和萊姆汁

如今，以龍舌蘭為原料的酒正風靡酒界，盛況非同凡響。時尚酒吧和持有外賣酒類執照的高級商店，提供各種小批生產 **15** 的龍舌蘭以及保持風格、反映風土的梅斯卡爾，它們都熟成到不同程度、並具有層次感和雅致風情。但就像愈來愈多人追捧壽司，會導致藍鰭鮪魚被過度捕撈一樣，今天梅斯卡爾蓬勃發展，也對被濫採的稀有野生龍舌蘭品種造成威脅。

最初龍舌蘭被當作廉價又傷身的酒，要了解不起眼的它一路以來的發展，只需閱讀金斯利·艾米斯1983年出版的《每天喝酒》裡，關於龍舌蘭的注釋即可一窺全貌。他形容：「不像其他烈酒，一喝龍舌蘭，人會不知分寸！」之後他描述學生在春假期間到處放縱跑趴時，喝龍舌蘭的固定方式：左手背放鹽，右手抓萊姆，準備好shot掉一杯純飲龍舌蘭！

---

15. 英語為small batch，指酒廠將品質最好的一批酒桶挑選出來，再把精選過的酒混合，調出最佳的標準。

RUM

第八章　蘭姆酒

除了蘭姆酒及真正的宗教之外，肯定沒有東西能讓精神如此平靜。
——拜倫勳爵《唐璜》（Don Juan, 1819）

沒有一種烈酒能像蘭姆酒那樣，聲勢頻繁興衰起落。幾百年來，甚至最近幾十年來，其口碑一直在廉價的劣質酒和優雅的長生不老藥之間循環交替，最終在20世紀達到頂峰，成為神奇的酒。

甘蔗

蘭姆酒在禁酒令開始之初也曾經風行一時、供不應求，直到這款低價烈酒因為利潤微薄，走私販改將加拿大威士忌走私到美國為止，這決定了威士忌最終成為美國殖民地開拓者們的最愛。1934年，隨著好萊塢餐廳「唐的比奇默科」（Don the Beachcomber）開業，這款象徵堅忍不拔精神的烈酒再次重生。該餐廳玻里尼西亞式風格的調酒廊，推出蘭姆酒熱帶調酒為特色，將「蒂奇」（Tiki）**01** 文化引入美國。

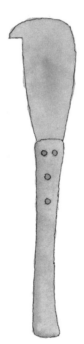

第二次世界大戰後，大眾對南太平洋的迷戀助長了熱潮，並在1960年代達到頂峰。之後幾年裡，蒂奇的知名度不斷時起時落，它在1990年代中期和如今又重新活躍。

然而，儘管它不定時就聲名大噪，蘭姆酒還是只能一直充當次要角色，位居威士忌、琴酒和伏特加烈酒調酒三巨頭之後，這也反映了它對「酒能出文章」這種文化的影響力，相對上是微不足道的。

農園奴隸使用的
甘蔗刀。

---

01. Tiki為玻里尼西亞神話故事中的半神或人類的始祖，為人類的守護神。

從屢遭嫌棄到成為水手們的快樂飲品

　　當早期歐洲殖民者帶著舊式步槍和蒸餾器抵達加勒比海地區時，這裡缺乏生產威士忌、葡萄酒和啤酒的原料。於是可以預料，供應充足的當地農作物——甘蔗，就是投入舊世界蒸餾技術的最佳選擇！

　　從16世紀末到19世紀初，蘭姆酒產業在大西洋三角奴隸貿易裡扮演了核心角色。當時殖民者拿蘭姆酒以及奴隸、糖蜜和其它產品，在西非、加勒比海地區、美洲殖民地和歐洲

農園奴隸

西印度群島糖男爵

之間進行交易，這也解釋了蘭姆酒與航海生活在歷史上的關聯。由於它十分普及，加勒比海的水手和海盜，都視蘭姆酒為自己的飲品首選！

　　蘭姆酒的字源發展尚不清楚，但第一次蒸餾發酵的糖蜜，可能是在小安地列斯群島（Lesser Antilles）的一座小島巴貝多（Barbados）**02** 的糖園裡進行的。在發現糖蜜（糖精製過程的副產品）只要經過發酵即可產生酒精之前，這個黏糊物體被認為是一種廢物，而且處理起來令人頭疼。但隨著蘭姆酒產量飆升，糖蜜很快就變成了液體黃金（liquid gold）。

02.　位於加勒比海與大西洋邊界上的島國，是西印度群島最東端的島嶼，首都為橋鎮（Bridgetown）。

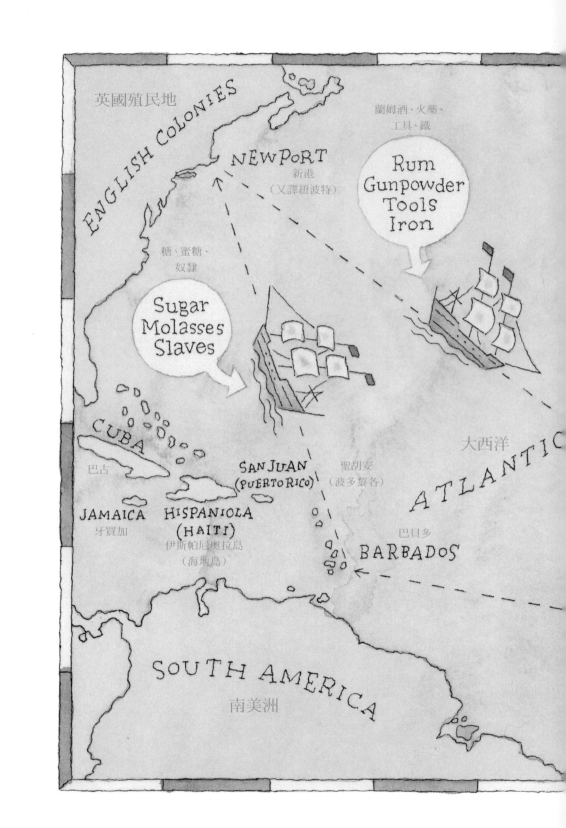

《YO- HO- HO, AND A BOTTLE OF RUM!》 05

羅伯特・路易斯・史蒂文森是建立海盜文化經典圖像學、以及海盜文化與蘭姆酒的關聯最具影響力的作家。

他的冒險小說《金銀島》（Treasure Island, 1883）裡海盜圖像一應俱全：標有X的藏寶圖、裝滿戰利品的箱子、骷髏旗幟（有頭骨和交叉骨標誌）、肩膀上有鸚鵡棲息的單腿水手和荒島上的漂流者，並提到蘭姆酒這個字70多次。這本小說的1911年版，特色是刊登了紐厄爾・康弗斯・魏斯（N. C. Wyeth） 06 的插圖，進一步幫助大眾鞏固了史蒂文森所描述的世界，並成為一代又一代讀者熟讀玩味、最具代表性的《金銀島》。

1911 年版作品，上面有紐厄爾・康弗斯・魏斯的封面插圖，由斯克里布納之子公司出版社（Charles Scribner's Sons）出版。

在史蒂文森的時代，蘭姆酒被視為未經加工的酒精（跟《金銀島》船長的船員和史蒂文森本人喝的那種高雅的酒不同），蘭姆酒象徵了海盜表現的輕率魯莽、自我毀滅和暴力模樣。在《金銀島》前段情節裡，生病體弱的海盜比爾・蓬斯（Bill Bones）哀求年輕的主角吉姆（Jim）違背醫生的命令，拿給他「一小杯蘭姆酒」：

他吼：「醫生都是蠢東西！」「還有那個醫生，他憑什麼、他對水手又知道些什麼？……我告訴你，我是靠蘭姆酒維持生命的，對我來說，蘭姆酒是糧食是水，是伙伴是老婆。要是現在我跟蘭姆酒切八段，那我就是下風岸上一艘可憐的破廢船，你得對我負責！吉姆！還有，那個醫生是笨蛋！」

摻水烈酒搶救生命

摻水烈酒（Grog）**07** 是水手會喝的典型飲料——也是現代黛綺莉的前身，它是1740年由英國皇家海軍上將愛德華・弗農（Edward Vernon）打造的。它本質上是用萊姆汁稀釋的蘭姆酒，可以防止壞血病，壞血病是造成海軍死亡人數達1,500至1,800人的主要原因。摻水烈酒提供了額外好處，在沒有飲用水的情況下，使水手能保持水分。它的名字取自該海軍上將的綽號「老格羅格」（Old Grog），其典故是因為他穿的堅固防風防雨斗篷是由grogram製成的，即絲綢、馬海毛（mohair）和羊毛材質。

18 世紀的皇家海軍「1/2 及耳」（gill）銅量杯。4 杯及耳等於半品脫，是 1 位水手每日配給的蘭姆酒份量。

蘭姆酒和美國獨立戰爭

到了18世紀初，新英格蘭殖民地到處都有蘭姆酒。移民自己會蒸餾蘭姆酒，男女老少每年平均喝3加侖（約11,356毫升）的蘭姆酒。

對自己利潤被壓低的貿易感到不滿的英國，頒布了所謂的1764年《蔗糖法案》（Sugar Act），針對非英國殖民地進口的任何糖蜜強力徵稅，因此破壞了新英格蘭蓬勃發展的蘭姆酒經濟。這項措施只會火上加油，煽動北美移民渴望革命的意志。

---

03. 是英國在西部非洲幾內亞灣（Gulf of Guinea）的殖民地，1957年獨立為加納（Ghana）。

04. 金粉（gold dust），有時還用來形容很難得到的寶物。

05. 出自《金銀島》裡的海盜歌。

06. 全名為Newell Convers Wyeth，美國當代重要的新寫實主義畫家。

07. 現代的摻水烈酒一般指加入熱水或沸水的蘭姆酒飲料，有時包括萊姆汁等飲料以改善味道。

熱帶驚雷（Tropic Thunder）調酒

美國作家哈特・克萊恩（Hart Crane）
是禁酒時期的現代派詩人，邁泰調酒（mai
tai cocktail）**08** 總能引起他的興致。他是克
利夫蘭市（Cleveland）一位富有的糖果製
造商之子，該糖果品牌商品名為「救生員」
（Life Savers）。如果你也知道這位詩人33歲
就英年早逝的原因，應該會覺得很諷刺。

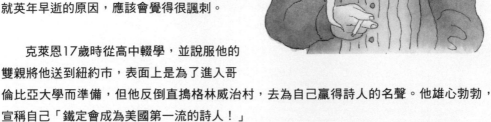

哈特・克萊恩

克萊恩17歲時從高中輟學，並說服他的
雙親將他送到紐約市，表面上是為了進入哥
倫比亞大學而準備，但他反倒直搗格林威治村，去為自己贏得詩人的名聲。他雄心勃勃，
宣稱自己「鐵定會成為美國第一流的詩人！」

儘管他專橫跋扈的父親終日嘮叨不已，告誡他去找份真正的工作，但他總算在一些著
名的文學雜誌上發表作品，其中包括《小評論》（The Little Review）（以連載詹姆斯・喬
伊斯的《尤利西斯》而立名）等雜誌。

布魯克林大橋啟發他發表詩歌集《橋》
（The Bridge, 1930）。

跟不少20世紀的美國詩人一樣，他長
年累月都把盞猛飲、而非抱槧懷鉛。雖然大
家都知道他其實是把這兩種愛好結合在一
起，有些說法則指出他每寫必醉，因為他認
為這有助於讓自己醞釀情緒，以引導他獨特
的（如果是神諭的）想像力。由於無法長期
持續在一份工作上待下來，他18、19歲和
20歲出頭大多在克利夫蘭和曼哈頓之間來
回穿梭。

---

08. 邁泰（Mai-Tai）是大溪地語「極品」、「最棒」的意思，該款調
酒來自加勒比海地區。

克萊恩的感情世界曖昧模糊、而且只是露水姻緣，對象多為男人。他認為自己是同性戀與稱呼自己為詩人，是一脈相通的，並利用他感受到的疏遠感（甚至那種疏離來自朋友）來刺激自己寫作。他與丹麥水手埃米爾・奧弗（Emil Opffer）的短暫親密關係，激發他揮灑出1924年的詩作《航行》（Voyages），寫下關於愛的救贖力量。

克萊恩既是此文學刊物的撰稿人、還身兼廣告推銷員。

邁泰調酒

克萊恩對加勒比海地區（和蘭姆酒）的熱愛可追溯到1926年，當時他短暫移居古巴，他那篇動人心弦的詩作《噢！加勒比海島嶼！》（O Carib Isle）描繪了螃蟹、達布隆（doubloon，古西班牙金幣）、水龜和颶風。1927年他寫信給朋友伊弗・溫特斯（Yvor Winters，美國詩人暨文學評論家）傾訴：「蘭姆酒對我有一種奇怪的力量，它讓我覺得自己單純無邪——或更恰當來講，是清白無罪的。」

他雙親在古巴海岸附近的松樹島（Isle of Pines）上有一座度假屋，他在那裡為即將出版、名為《橋》（The Bridge）的書，寫了大部分的抒情詩，此書詩作《卡蒂薩克號》（Cutty Sark）裡某一行描述了克萊恩求助於蘭姆酒來轉危為安：

他說了利維坦（Leviathan）的呢喃，
蘭姆酒是我們腦海中的柏拉圖（Plato）……

1929年，克萊恩動身前往巴黎，在那裡，他的精神問題和仗氣使酒、插科打諢的習性如蛆附骨。他在精選咖啡館（Le Cafe Select）酒吧櫃檯跟服務員生肢體衝突後被捕。之後，他很快回到美國，完成了《橋》。

1930年出版的《橋》（The Bridge）
帶給他一定程度的惡名和聲望，以及一些
苛刻的批評，克萊恩特別惱火的是他兩
位最親密的朋友，溫特斯和艾倫·泰特
（Allen Tate，1943年時成為美國桂冠詩
人）出言中傷他，而這只會加劇克萊恩對
自己失敗的自我意識感，前一秒還興高采
烈、下一秒馬上變得鬱鬱寡歡的他，因此
益發難以斷酒。

《橋》最終廣獲肯定，被認為是他的
登峰之作，而且是受到布魯克林大橋所啟
發作品中最偉大的文學著作。多年後，
受人崇敬的文學評論家哈羅德·布魯姆
（Harold Bloom）將克萊恩列入他評選的
20世紀最佳美國現代主義詩人萬神殿，他
相信《橋》與托馬斯·斯特恩斯·艾略特
的《荒原》平分秋色，甚至認為克萊恩是
無出其右的詩人。

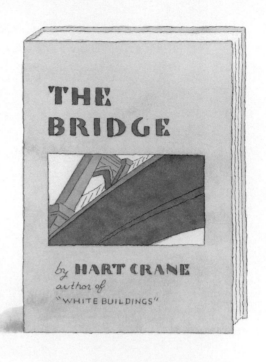

初版，1930 年由何瑞斯·賴福瑞特出版
社（Horace Liveright）在紐約出版。

1932年4月22日，在墨西哥維拉克魯茲（Veracruz, Mexico）開往紐約的奧里薩巴
（Orizaba）輪船上，克萊恩從欄杆一躍而下，眾人猜測他輕生，他的屍體從未尋獲。

在塔尖落腳的天后

1918年，埃德娜・聖文森特・米萊（Edna St. Vincent Millay）是文壇的時尚名媛，名氣響叮噹，影響力甚至跨越文學界。她是那個時代的瑪丹娜（Madonna），作風前衛、挑戰尺度極限。她是典型的20世紀藝術家，名人都把她當作前車之鑑，要自己千萬別步上她的後塵——她的故事是警世錄，警示世人名氣轉瞬成空，而且一旦名聲一落千丈，下場往往萬劫不復。在她那個年代，她是第二多人會引用她的話的詩人，排名僅次於莎士比亞。像當時很多作家一樣，只要是酒，她都不會錯過！但迷倒她的調酒，據說是以蘭姆酒取代原本基酒的側車（sidecar），也稱為床笫之間（between the sheets）。

米萊19歲那年，在母親的鼓勵下，參加了由《抒情詩，這一年》（The Lyric Year，這是一本年度出版的詩歌書籍）贊助的比賽，米萊的詩歌《重生》（Renascence）是備受好評的最佳作品，但並未拿下最高榮譽。隨之而來的爭議，使她在青少年時期發生了鬧得滿城風雨的事件。

埃德娜・聖文森特・米萊

就讀於瓦薩學院（Vassar College）時，米萊會偷偷溜出宿舍，出入曼哈頓的地下酒吧，她千杯不醉的酒國名花名號開始一傳十、十傳百，不久後就受邀到城裡的文學沙龍朗誦自己的詩。

見證者是美國知名詩人暨評論家路易斯‧昂特梅耶（Louis Untermeyer），他回憶：「在美國，沒有其他聲音可以像她一樣，那是斧頭砍在新鮮木材上的聲音。」米萊1917年畢業，獲得文學學士學位，並搬到格林威治村，這裡是戰後紐約掀起新興波西米亞風的大本營。同年，她出版了第1本詩集《重生與其他詩》（Renascence and Other Poems）。

《荊棘叢中的數枚無花果》（A Few Figs from Thistles, 1920）讓她竄紅，奠定了自己的名人地位。該書因其前衛的女權主義傾向，而被認為是有爭議的。其中包括《第一枚無花果》（First Fig），這是她最知名、完全能預知未來的預言詩，這首短詩具體表現出「活在當下，及時行樂」的社會思潮，而且就是咆哮的二十年代的縮影：

我的蠟燭在兩頭燃燒，
它終究撐不到拂曉；
但我的敵人呀！朋友啊——
它散發出蠱媚的光芒！

大家都很崇拜她，她的讀書會是文化活動。她無酒不歡、愛抽菸，而且是放蕩不羈的豪放女、雙性戀，這一切都與她的爵士時代詩人天后身分相符。在橫跨大西洋的漫長讀書之旅中，她在巴黎與康斯坦丁‧布朗庫西（Constantin Brancusi）和曼‧雷（Man Ray）密切交往、開懷對酌。

隨著她風光無限、聲望高漲，1923年時，她的第4本書《豎琴織工之歌》（The Ballad Of The Harp-Weaver）奪得了當年的美國普立茲獎。

在眾多向她求婚的人裡，有名氣響亮的美國評論家、記者暨同樣愛好蘭姆酒的埃德蒙‧威爾遜（Edmund Wilson），他曾在其《禁酒令辭典》（Lexicon of Prohibition, 1927）裡，為「喝醉酒」編造了包含104個術語的清單。威爾遜曾向米萊求婚，但她擔心會跟他過著枯燥無味的家庭生活，因此拒絕了他。

但是，正如威爾遜所說，米萊變得「對破碎的心和綿綿不絕的混亂感到厭倦」，她1923年與荷蘭商人尤金‧波賽凡（Eugen Boissevain）結婚，他是個百依百順的丈夫，在婚後轉換角色，放棄了自己的事業，在背後支持她的寫詩生涯，不因她的前衛觀點坐立不安。她發生的婚外荒唐事罄竹難書，而他顯然願意裝作不知情。

從 1923 至 1924 年，米萊住在紐約市最窄的房屋：貝德福德街 75½ 號。

171

米萊與波賽凡的鄉間別墅。

為了逃避曼哈頓的混亂生活，這對夫妻在紐約上州的奧斯特利茨（Austerlitz）鎮附近，買下一座名為「塔尖」（Steepletop）的鄉間別墅，他們在那裡開趴，眾人津津樂道，這座場地包括一個名為「廢墟」的室外酒吧；一座可供裸泳、引用泉水的游泳池和一個羽毛球場，米萊在這裡度過餘生。

她手不停揮，但到1930年代初期，她江郎才盡，作品變得不那麼論及個人，而是更具社會意識，評論家對她的接受度愈來愈低；而她的美貌（她走紅的關鍵因素）也正在走下坡。1936年，一場車禍讓她痛不堪忍，之後她開始對嗎啡上癮，也離不開酒精和其他藥物，而且每況愈下。

在紐約奧斯特利茨鎮 9 號美國國道的歷史紀念碑。

尤金・波賽凡

米萊蜷縮棄友、違世遁俗，因為她面對成癮問題變得益發無助，波賽凡也讓她予取予求，只要她開口，就努力討好她，奉上毒品和酒。

細數美國國會圖書館典藏的米萊物品，裡面有1940至1945年間，在麻薩諸塞州大巴靈頓（Great Barrington, Massachusetts）的兩家藥房的明細月結單，這些細目包括弗萊西曼（Fleischmann）琴酒、泰勒（Taylor）香艾酒、帝雀斯蘇格蘭威士忌（Teacher's Scotch）、貝瑞（Berry）蘭姆酒，藥用安非他命（Benzedrine）和可待因（codeine）。隨著寫作量和品質江河日下，以及名聲一敗塗地，米萊最後願意少吸點毒品，卻管不住想喝酒的衝動。

1981年發行、向米萊致敬的紀念郵票。

她的丈夫1949年因肺癌驟逝時，悲痛欲絕的米萊離群索居，鼓不起勇氣離開「塔尖」，喪偶的她變得更加依賴酒精過日子。

1950年10月18日上午，扭成一團的米萊屍體（她身上仍穿著睡衣和拖鞋）在她的樓梯間盡頭被發現，她的脖子斷了，顯然是摔下來造成的，她可能是一直一邊工作一邊喝酒到前一天深夜。米萊享年58歲。

她仙逝時，在筆記本上用鉛筆圈出了剛寫的新詩最後三行：

我會控制自己，或直奔其中，
我不會因陷入悲傷，而讓完美蒙塵，
這天很美好：無論是誰安息。

床第之間
（Between The Sheets）

床第之間是禁酒時期發明的，是摻了少量蘭姆酒的改造版經典側車，一般把它的問世，歸功於1930年代初期在巴黎的「哈利的紐約酒吧」（Harry's New York Bar）調酒師哈利・麥克紅（Harry MacElhone）。認真來說，麥克紅當時偏好創作名字聳動的調酒——他是一種名叫猴上腺素（Monkey Gland）調酒的開山祖師，所以可別把他的發明人身分視為無稽之談！

復古的哈利的紐約酒吧紙板火柴封面，
特色是有哈利・麥克紅的漫畫人像。

但開創調酒神話的人，通常都對引人遐想的故事比較有興趣，才不管它什麼真相不真相的：床第之間的名字是由埃德娜・聖文森特・米萊構想的，是她和埃德蒙・威爾遜和詩人約翰・皮爾・畢曉普（John Peale Bishop）在深夜醉酒後一起惡作劇的傑作。這類謠傳不絕於耳。無論是否屬實，很多消息來源都贊同床第之間是她最愛的調酒之一。

床第之間作法：

材料：

1盎司（約29.57毫升）無色蘭姆酒（light rum）**09**
1盎司君度橙酒
½盎司（約14.79毫升）檸檬汁
1盎司干邑白蘭地
碎冰
檸檬角作裝飾

將所有材料與碎冰加在一起充分搖勻，然後濾去冰塊，倒進冰鎮調酒杯中，並用檸檬角作裝飾。

---

09. 最常用於調酒的稱為清淡蘭姆酒，又稱「銀」蘭姆酒（sliver rum）或「白」蘭姆酒（white rum），通常是無色透明。

禁令時期的酒類走私船與古巴

蘭姆酒走私的歷史悠久，而且既豐富又多采多姿，可追溯至16世紀，當時逃避英國船隻的海盜，將東西裝船，從加勒比海地區運往課稅高的美國殖民地。直到禁酒時期開始，「酒類走私船」一詞才開始通行起來。

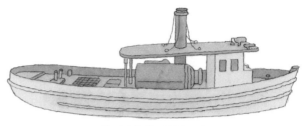

禁酒時期的酒類走私船

禁酒時期的酒類走私船風險很高，為了避開巡邏的海岸防衛隊，船長晚上在濃霧裡行駛時，通常不開燈。酒類走私船碰到沙洲或暗礁後沉沒的情況層出不窮，所以附近的海岸上常鋪滿了數百個蘭姆酒瓶。

對禁酒時期的美國東部海岸居民來說，前卡斯楚（Castro）時代的古巴是蘭姆酒的聖地。1926年，為了引誘沒酒可喝的北鄰禁酒國度，古巴的百加得公司（Bacardi company）發起了廣告活動。該活動由泛美航空公司（Pan Am）共同贊助，勸導美國人「把這片乾巴巴的土地撇一邊去吧！」1916至1926年之間，美國到古巴的旅客每年增加一倍，從大約45,000人竄升到90,000人，哈瓦那飛速成為富人和名人的遊樂場，而且流連忘返的歐內斯特‧海明威很快就在此扎根。

山姆大叔（Uncle Sam）乘坐懷舊的1920年代禁酒時期廣告裡最具代表性的百加得蝙蝠，從佛羅里達州飛往古巴。

雙倍老爹調酒

佛羅里達酒吧（Bar La Florida）1934 年的調酒酒單。

歐內斯特・海明威愛酒成癮，他對酒涉獵廣泛這一點無可匹敵，但在大家的想像裡，最能代表海明威的調酒就是黛綺莉。經過一上午敲打字機按鍵操勞後，海明威會從他住的兩個世界飯店（Hotel Ambos Mundos）客房，來到名揚四海的古巴酒吧──佛羅里達酒吧（Bar La Florida）（這種說法是用它的暱稱「El Floridita」〔佛羅蒂姐酒吧〕來親切地稱呼它），步行兩地時間為10分鐘，以避開那咄咄逼人的哈瓦那酷熱。

根據海明威的外甥女希拉蕊・海明威（Hilary Hemingway）表示，一切都從1930年代初，一次命中注定的上廁所事件開始！在接受NPR新聞網採訪時，她描述了海明威是怎麼發明這道調酒的：「有天他走進佛羅蒂姐酒吧裡借廁所，酒吧客人把自己正在喝的黛綺莉（Daiquiri）說得天花亂墜，於是海明威點了一杯，吸了一口後，又續點了一杯，這一次他要『少糖，然後蘭姆酒多一點！』這杯雙倍老爹（Papa Doble）或海明威版黛綺莉於焉誕生！」調酒師康斯坦丁諾・里巴萊瓦・范（Constantino Ribalaigua Vert）以海明威的暱稱為這道改版飲料命名，向海明威致敬。海明威1932年移居古巴後，成為該酒吧的熟面孔。

1939 年調酒酒單裡所描繪的康斯坦丁諾・里巴萊瓦・范。

1943年致第3任妻子瑪莎・蓋爾霍恩（Martha Gellhorn）的信裡，他從哈瓦那捎來信息：「古巴這裡的一切都很美好，唯獨缺憾的就是少了妳，親愛的，要是妳能從我的房間眺望這景色，往外向美麗的墨西哥灣流望去那就好了、還有——噢！沒有人能調得像老康斯坦丁諾的黛綺莉啊！」

海明威曾自吹自擂在1942年的某個下午裡，他一口氣狂吞了康斯坦丁諾出手調製的17杯黛綺莉！

百加得蘭姆酒商標，約1900年。

雙倍老爹（海明威版黛綺莉）作法：

材料：
冰
2盎司（約59.15毫升）無色蘭姆酒（海明威說不定是喝百加得）
½盎司（約14.79毫升） 榨葡萄柚汁
½盎司 榨萊姆汁
¼盎司（約7.39毫升）馬拉斯奇諾（maraschino）櫻桃酒

在雪克杯裡放入冰到半滿，加入蘭姆酒、兩種果汁和馬拉斯奇諾櫻桃酒。劇烈搖動至少30秒鐘，然後濾去冰塊倒入冷鎮調酒杯中。

黛綺莉只是當時流行的經典蘭姆酒調酒之一，還有莫希托（mojito）、鳳梨可樂達（piña colada）、自由古巴（cuba libre）和威猛殭屍（high-octane zombie）。

真人大小的海明威銅像，2003年安置在佛羅蒂姐酒吧的盡頭，是古巴藝術家荷西・比利亞・索伯隆（José Villa Soberón）的雕刻作品。

新酒且有層次感

蘭姆酒永遠不會享有上等葡萄酒、龍舌蘭或紅葡萄酒的名聲或價碼，因為它這款烈酒的熟成處理，通常不會超過為了使酒芳醇，而將它放在橡木桶裡一年的這個時間；蘭姆酒的原產地與製造方法十分紊亂又大多未經管束，跟它曾是走私品而得名的非法形象相吻合，因此它的品質也是參差不齊。

但蘭姆酒這種甘蔗烈酒的妙處，可能就像上等單一麥芽蘇格蘭威士忌一樣，是有層次感而且韻味綿長。純蘭姆酒是海明威的銷魂釀酒（就像他品味他的大部分棕色酒 **10** 一樣），在《流動的饗宴》的第1章裡，他在他所在地 **11** 的酒館幫自己點了一份聖詹姆士蘭姆酒（Saint James rum），並記下：「感覺到那美妙的馬丁尼克（Martinique）蘭姆酒，溫暖了我整個身體和我的精神！」

---

10. 棕色酒精飲料，包括：波本威士忌、白蘭地和干邑白蘭地。

11. 《流動的饗宴》記述海明威1920年代移居巴黎的歲月。

結語

這是最好的時代，
這是最壞的時代……

　　查爾斯‧狄更斯《雙城記》（A Tale of Two Cities）的經典句子，非常貼切地描述了作家泡在酒堆裡的現況。對現代作家來說，這似乎是最糟糕的時代——當今的作家（和出版商）必須與書市景氣低迷、大眾不再像以前那樣博覽群書、消費者也對凡事都可以免費取得習以為常這些事周旋到底。

　　酒後詩意濃，是純真年代的產物。對從前的作家而言，他們長時間在與世隔絕的生活裡寫作，一盞醇醪不僅是寫作補藥，還是孤獨、沮喪、焦慮和壓力的解藥，與大型出版商共同創作一本書的繁瑣過程並非弱者可為，因為執行這項任務而遭受挫折、限制和干擾，讓這些作家不止一次向自己的酒癮低頭。

　　喝酒也是逃避打字機的藉口，作家還可以因此跟氣味相投的同好在當地酒吧裡交流。如今，在社群媒體興起、地方與民間藝文中心成立，以及嗑藥吸毒泛濫的時代，典型的現代作家（除了某些例外）不再經常出沒酒吧，而且九成還會利用阿得拉（Adderall）、舍曲林（Zoloft）或藥用大麻的化學作用，去取代酒精。

　　但是，對現代品酒家來說，這是最美好的時代——如今，大家在各個烈酒類別裡，可以得到的優質產品數量之多，這種光景史無前例！為了能瀏覽並熟悉這片酒海，有智慧型手機的喜酒成癮人士，還可以化身購物通，一邊用手機連線上網查閱佳釀評論和即時購買建議，一邊走在所在地的酒類實體商場走道上逛商品區，換成是對形形色色的酒「如數家珍」的酒聖亨利‧路易斯‧「H.L.」‧孟肯，恐怕會連要從哪裡開始都拿不定主意！

我們希望大家因為閱讀這本酒香四溢、天下文宗陣容浩大的書之後滿載而歸！ 請各位也要一如往常飲酒節制，還要當個擇善而從的讀者喔！

　　──葛瑞格・克拉克與蒙特・畢爾普

致謝

幸虧有蒙特・畢爾普這本書才能問世！他向我提議他的想法，即由我們一起合作，來創作一份歷史圖說，內容則與酒、作家、藝術家和音樂家有關（統治者街道出版社還明智地建議我們縮小範圍！）。

我非常感謝我的妻子珍妮佛・倫納德（Jenifer Leonard）、女兒葛麗泰（Greta）、兒子朱利安（Julian）忍受了我那12個月實際上是個缺席的丈夫和父親。

特別感謝我們的經紀人吉利恩・麥肯齊（Gillian McKenzie）；編輯潔西卡・辛德勒（Jessica Sindler）和西恩・紐考特（Sean Newcott）；法律顧問維克多・亨德里克森（Victor Hendrickson）；奧莉薇亞・洛佩茲（Alivia Lopez）；張雪宜（Suet Yee Chong）（音譯），以及整個統治者街道出版社團隊！

——葛瑞格・克拉克

衷心感謝我的共同作者暨朋友葛瑞格・克拉克，以及吉利恩、潔西卡、維克多、西恩、奧莉薇亞、雪和哈潑柯林斯出版公司（HarperCollins）／統治者街道出版社團隊的其他成員，他們協助指導直到完成本書為止。非常感謝傑出的蕾貝卡・霍爾（Rebecca Hall）在這兩年寫書歷程裡，給予無條件的支持！

——蒙特・畢爾普

左起：蒙特‧畢爾普、某位酒中仙、和葛瑞格‧克拉克。

作者介紹

葛瑞格・克拉克的插畫曾刊登在《紐約客》雜誌、《滾石》雜誌（Rolling Stone）、《時代》雜誌、《大西洋》雜誌（The Atlantic）、《胡扯洩密！》（BLAB！）漫畫選集和《瓊斯夫人》（或譯《瓊斯媽媽》、《瓊斯母親》）（Mother Jones）等出版品上。他曾為包括《如何養育父母》（How to Raise Mom and Dad, Dutton）、《天壤之別》（World's Apart, Putnam）、《我的優雅羽毛朋友》（My Fine Feathered Friend, FSF）、《魔法之夜》（Enchanted Night, Random House）、《高爾夫規則圖解》（Golf Rules Illustrated, Callaway）和《妙手丹青：改變世界的漫畫家》（Masterful Marks: Cartoonists Who Changed the World, Simon & Schuster）等書籍製作插畫。克拉克獲頒紐約插畫家協會（New York Society of Illustrators）3面銀牌，他現居洛杉磯，只要一喝印度淺色愛爾或干型馬丁尼，他最美好（還有最糟糕）的點子就靈光一閃了！

蒙特・畢爾普是屢獲殊榮的藝術總監和平面設計師，曾獲頒多項獎章和榮譽。他曾擔任美國插畫出版商（American Illustration）、插畫家協會（the Society of Illustrators）、《傳播藝術》雜誌（Communication Arts）和《Lürzer's Archive》創意平面圖像雙月刊雜誌的評審委員，是繪圖插圖漫畫年鑑《胡扯洩密！》和《胡扯世界》（Blab World）的創始人和編輯，他的書包括《賞心悅目的圖像：懷舊紙板火柴書封面藝術》（Striking Images: Vintage Matchbook Cover Art, Chronicle Books），《妙手丹青：改變世界的漫畫家》（Masterful Marks: Cartoonists Who Changed the World, Simon & Schuster）和《流行頭骨：低級趣味書刊、平裝書和漫畫中的頭骨圖案》（Popular Skullture: The Skull Motif in Pulps, Paperbacks, and Comics, Dark Horse）。2012年，他拿下插畫家協會素負盛名的理查・岡格爾藝術總監獎（Richard Gangel Art Director Award）（因他在促進和推動插圖藝術方面具有傑出貢獻）。畢爾普住在芝加哥並在該地工作，偏好側車調酒。

文豪們的私房酒單

文學╳酒文化╳名人軼事，葡萄酒、啤酒、威士忌、琴酒、伏特加如何成為世界文明的繆斯？

A SIDECAR NAMED DESIRE

作者	葛瑞格・克拉克（Greg Clarke）與蒙特・畢爾普（Monte Beauchamp）
譯者	吳郁芸
酒類專業內容審定	王鵬
責任編輯	謝惠怡
美術設計	郭家振
行銷企劃	魏玫瑜
發行人	何飛鵬
事業群總經理	李淑霞
副社長	林佳育
圖書主編	葉承享

國家圖書館出版品預行編目(CIP)資料

文豪們的私房酒單：文學╳酒文化╳名人軼事，葡萄酒、啤酒、威士忌、琴酒、伏特加如何成為世界文明的繆斯？ / 葛瑞格・克拉克與蒙特・畢爾普著；吳郁芸譯. -- 初版. -- 臺北市：麥浩斯出版：家庭傳媒城邦分公司發行, 2020.09
  面； 公分
譯自：A sidecar named desire : great writers and the booze that stirred them
ISBN 978-986-408-633-7(平裝)

1.酒 2.飲食風俗

538.74   109013102

出版	城邦文化事業股份有限公司 麥浩斯出版
E-mail	cs@myhomelife.com.tw
地址	104 台北市中山區民生東路二段 141 號 6 樓
電話	02-2500-7578
發行	英屬蓋曼群島商家庭傳媒股份有限公司城邦分公司
地址	104 台北市中山區民生東路二段 141 號 6 樓
讀者服務專線	0800-020-299（09:30～12:00；13:30～17:00）
讀者服務傳真	02-2517-0999
讀者服務信箱	Email: csc@cite.com.tw
劃撥帳號	1983-3516
劃撥戶名	英屬蓋曼群島商家庭傳媒股份有限公司城邦分公司
香港發行	城邦（香港）出版集團有限公司
地址	香港灣仔駱克道 193 號東超商業中心 1 樓
電話	852-2508-6231
傳真	852-2578-9337
馬新發行	城邦（馬新）出版集團 Cite（M）Sdn.Bhd.
地址	41, Jalan Radin Anum, Bandar Baru Sri Petaling, 57000 Kuala Lumpur, Malaysia.
電話	603-90578822
傳真	603-90576622
總經銷	聯合發行股份有限公司
電話	02-29178022
傳真	02-29156275
製版印刷	凱林彩印股份有限公司
定價	新台幣 499 元／港幣 166 元
2024 年 6 月一版三刷・Printed In Taiwan
ISBN	978-986-408-633-7